Guillaume Thomas Raynal

Anekdoten zur Lebensgeschichte

berühmter französischer, deutscher, italienischer, holländischer und anderer Gelehrten

Guillaume Thomas Raynal

Anekdoten zur Lebensgeschichte
berühmter französischer, deutscher, italienischer, holländischer und anderer Gelehrten

ISBN/EAN: 9783743445093

Hergestellt in Europa, USA, Kanada, Australien, Japan

Cover: Foto ©ninafisch / pixelio.de

Manufactured and distributed by brebook publishing software (www.brebook.com)

Guillaume Thomas Raynal

Anekdoten zur Lebensgeschichte

einen schlechten Vers zu dulden, um einen guten nicht aufopfern zu dürfen. Er ermüdet in der Länge, und erregt Ekel. Seine Monotonie ist höchstens in kleinen Gedichten erträglich; in andern ist er überaus beschwerlich, besonders in alexandrinischen Versen, wo man sich keine Freyheiten nehmen, oder den Sinn aus einer Zeile in die andere schleppen darf, und wo die beständige Gleichheit der Zeilen eine zweyte Ursache zum Ekel ist. Man führte dabey das Beyspiel der Italiener und Engeländer an, welche gern eine ungereimte Zeile mit unterlaufen lassen. Ein gewisser Engeländer sagte, daß iedes Distichon auf zween Reimen wie auf zwo Krücken gienge. Alle diese scheinbaren Gründe, die in der That nur schwach sind, erhielten in dem Munde und in den Schriften des Fenelon, des la Mothe, und des Abts Prevot ein starkes Gewicht. Diese alle waren wider den Reim, und suchten die Dichter von seiner Sclaverey zu befreyen; sie wurden aber durch den Abt Nadal, d' Olivet, Desfontaines, durch den Präsident Bouhiers und den Herrn von Voltaire unter dem Joche gehalten. So viel Freyheiten sich der letztere auch in den Wissenschaften heraus nimmt, so hat er doch die Nothwendigkeit der Reime in unsern Versen eingesehen.

Der Franzos hat fast gar keine Prosodie; er muß also diesen Mangel durch den Reim ersetzen. Man muß ihn auch nicht deßwegen verwerfen, weil er manchem Dichter Mühe macht,

und

und dem Ausdrucke Abbruch thut. Ein schlechter Dichter würde auch ohne ihn schlecht seyn; ein guter Dichter aber hat nie auf Unkosten des Gedichts gereimt. Haben Racine und der Verfasser der Henriade nicht alle Schwierigkeiten des Reims überwunden?

Die Monotonie, die man dem Reime vorwirft, kann nicht gänzlich geläugnet werden; man kann aber dieser Unbequemlichkeit einigermaßen abhelfen, wenn man eine Zeile um die andere reimt, wie der Herr von Voltaire in der Tragödie Tancred den Versuch gemacht hat.

Und was schreyet man viel wider den Reim? Wenn man ihn nicht liebt, so schreibe man in Prosa, und suche, wenn sie die Stelle eines Gedichts vertreten soll, den Abgang der Versification und des Reims durch starke Gedanken und ein doppeltes Feuer zu ersetzen, nicht aber durch Stücke, die matt, frostig und ohne Genie sind, so wie die waren, welche von den Feinden des Reims als Muster vorgelegt wurden.

3. Ueber

3.
Ueber das Heldengedicht
oder
die Epopee.

Ich werde hier zuerst von dem Heldengedicht überhaupt reden; hernach von der Ilias, oder dem Streite über die Alten und Neuern; endlich von dem Heldengedichte des Virgils und den Romanen.

Von dem Heldengedicht
überhaupt.

Man beschreibt es als eine Erzählung in Versen von heldenmäßigen Begebenheiten. Aber was ist die Absicht dieser Erzählung? Ist es der Unterricht, oder das Vergnügen? Eben hierüber sind die meisten Schriftsteller nicht einig mit einander.

Die Ausleger des Aristoteles glaubten, daß man zwischen beyden nicht lange unentschlossen seyn könnte. Sie bezogen in einem Heldengedichte alles auf die Moral und die Verbesserung der Sitten. Dieser Meynung waren der Jesuit Rapin und le Bossû; Dacier und seine Frau dachten eben so. Sie legen eine unter dem Schleyer der Allegorie versteckte moralische Wahrheit

heit zum Grunde der Epopee; sie verlangen, daß diese Wahrheit schon müsse gewählt seyn, ehe man noch die Fabel erfindet, und gründen ihre Meynung auf den Aristoteles, aus welchem sie verschiedene Stellen zu Bekräftigung derselben anführen.

Der Abt de Pons aber widersprach dreust dieser Meynung in einer im Jahr 1717 gedruckten Dissertation über das Heldengedicht. Nun war dieser Abt nichts weniger als ein scharfsinniger Kopf; alles, was er gemacht, hat ist seicht und noch unter dem mittelmäßigen. Um aber für einen gelehrten Mann gehalten zu werden, machte er sich an die berühmtesten Männer, und wollte den Heldendichtern ein ganz anderes Feld anweisen. Nach seiner Meynung sollten sie blos zu gefallen suchen. Er untersagt ihnen Lehren der Weisheit und der Tugend ihren Helden in den Mund zu legen, und berühmte Personen zu Lehrern des menschlichen Geschlechts zu machen.

Aristoteles setzt ihn in gar keine Verlegenheit. Er läugnet, daß Aristoteles von den epischen Dichtern verlange lehrreich zu seyn. Aus dem dreusten Tone, womit er es sagt, sollte man schließen, daß er über der griechischen Gelehrsamkeit grau geworden wäre; gleichwohl ist es gewiß, daß er den Aristoteles nie gelesen hatte, und nur sehr wenig, aus einigen Uebersetzungen, von ihm wußte.

Er gieng die ältesten Gedichte durch, und foderte iedermann auf, daß man ihm den moralischen

lischen Inhalt davon zeigen möchte. Er fand nichts unterrichtendes in der durch die unglückliche Liebe des Paris gegen die Helena zerstörten Stadt Troja; nichts in dem durch die Wiederkunft des Ulysses befreyten Ithaca; des Ulysses, der als ein über Glück und Unglück erhabener Held, als ein guter König, guter Vater, guter Ehegemal vorgestellt wird; nichts in dem Bilde eines Prinzen, der die heftigste Leidenschaft bezwingt, und der Stimme der Götter, und dem Befehle, ein neues Vaterland in Ausonien zu errichten, gehorcht; nichts in einem Patrioten wie Pompejus, der von der Liebe zur Freyheit und zu den Gesetzen voll ist.

Eben so wenig Unterrichtendes fand er auch in den neuern Gedichten. Was sollten Tasso, Milton, Camoens für eine andere Absicht gehabt haben, als ihre Zeitverwandten zu belustigen, und müßigen Lesern einen Zeitvertreib zu machen? Der Ton eines Moralisten würde in ihren Werken übel angebracht gewesen seyn; und wenn er auch bisweilen darinne vorkommt, so geschieht es doch nur auf kurze Zeit. Das Belustigende ist die Seele ihrer Gedichte, und das vornehmste Verdienst derselben. Diesem Gedanken zu Folge machte der Abt de Pons folgende Beschreibung von einem epischen Gedichte: „Es ist ein sinn„reiches Gewebe von Begebenheiten und Bewe„gungsgründen, nach welchen die Handlung un„ternommen wird, die sich der Dichter zu besin„gen vorgesetzt hat." Er nennet alles ein episches Gedicht, wo nur eine Handlung erzählt wird. Diesem Grundsatze zu Folge, giebt es sehr viel epische Gedichte. Der Abt de Pons rechnet so gar die Fastos und Verwandelungen des Ovids, unsere Elegien, unsere Hirtengedichte, und alle unsere abgeschmackten Historietten in Versen unter dieselben.

Diese dem Bossü und Dacier so entgegen gesetzte Meynung erschreckte alle Anhänger des Alterthums und der Gelehrsamkeit. Sie behaupteten mit diesen Auslegern des Aristoteles, daß es höchst nöthig sey, daß ein episches Gedicht zum Unterricht geschrieben, und nützliche Wahrheiten darinne vorgetragen werden.

Der Abt de Pons gab aber seine Meynung noch nicht verlohren; er vertheidigte sie, ob es ihm gleich nicht viel half. Man würdigte das, was er heraus gab, kaum des Lesens. Und dieser Streit, der mit diesen Schriften zugleich in Vergessenheit gerieth, wäre ewig vergessen geblieben, wenn ihn nicht la Barre einige Jahre darnach wieder aufgeweckt hätte.

Dieser Schriftsteller, einer von denen, die, weil es ihnen an eigener Erfindung und an Gedanken fehlt, sich mit Auslegung anderer beschäftigen, und dem Publico mit mühsamen und entbehrlichen Commentarien aufwarten, dieser Schriftsteller brachte in der Academie der Aufschriften und schönen Wissenschaften, den Streitpunct zwischen dem Abt de Pons und seinen gelehrten Gegnern wieder in Bewegung. Er behauphauptete, daß die letztern Unrecht hätten, da sie einen moralischen Grundsatz zur Regel eines epischen Gedichts hätten machen wollen, wovon die Alten gar nichts gewußt. Er gab alles für Träume aus, was die Ausleger den Aristoteles über diesen Punct sagen ließen. Le Bossû sollte das im Aristoteles gesucht haben, was nur in seinem Gehirne stack, und Dacier hatte die Dichtkunst desselben mit eben den Augen angesehen, mit denen er die Fabeln des Aesops gelesen hatte.

La Barre, der von einem epischen Dichter weiter nichts foderte, als daß er suchen sollte zu gefallen, daß er seinen Lesern angenehme Gemälde, neue und anziehende Aussichten, ohne die geringste Absicht zu moralisiren, vorstellen sollte, La Barre tadelte den Verfasser der Reisen des Cyrus, welcher in einer Abhandlung über diese Materie gesagt hatte, daß es in einem Gedichte nicht genung sey, wenn man zu gefallen wisse, sondern daß man auch zu unterrichten suchen müsse. Ramsay machte sich kein Bedenken, wenn er zwischen beyden wählen mußte, das Angenehme dem Nützlichen aufzuopfern; er verlangte aber, daß man beydes mit einander vereinigen sollte, und schlug den Telemach zum Muster vor, von welchem man nicht leicht sagen kann, ob sich mehr Angenehmes, oder mehr Liebe zur Tugend bey ihm findet.

Ein anderes academisches Mitglied nahm an diesem Streite Antheil. Er widerlegte den La Barre in Gegenwart eben der Personen, die ihn zuvor

zuvor gehört hatten. Der Abt Vatri behauptete, daß die Dichter sich nicht von der Regel moralische Grundsätze vorzutragen losmachen könnten, da diese unter allen andern Regeln die unwidersprechlichste sey. Er führte den P. le Bossü an, welcher, nach seiner Meynung, den Plan eines epischen Gedichts am besten verstanden, und dessen Aussprüche man für lauter Orakelsprüche zu halten habe. Er berief sich auf die alten Rhetoren, und prahlte, so sehr er konnte, mit seiner griechischen Gelehrsamkeit.

Dieser Streit würde noch einige Zeit gedauert haben, wenn der Tod nicht den la Barre im J. 1738 hinweg genommen hätte. Horaz sagt:

Aut prodesse volunt aut delectare poetæ.

welches denen vortheilhaft zu seyn scheint, welche das eine oder das andere zur Absicht eines Gedichts machen; ein anderer Vers aber eben dieses Dichters,

Omne tulit punctum qui miscuit utile dulci.

ist hinreichend, diesen Streit zu endigen. La Barre und sein Gegner waren übrigens in andern Stücken eines epischen Gedichts einerley Meynung. Sie kamen darinne überein, daß die Handlung einfach, groß, merkwürdig und besonders wichtig, ganz, wahr, oder wenigstens dafür gehalten seyn müsse; daß man nicht allein erzählen, sondern auch nachahmen müsse, um den Unterschied zwischen einem Gedicht und einer Ge-

schichte

Poesie.

schichtbeschreibung, als welche blos erzählt, und der dramatischen Poesie zu beobachten, welche nur durch Vorstellung einer Handlung mahlt.

Die Anhänger der beyden Academiker ließen es an Betrachtungen über den Plan, die Caractere und die Schreibart einer Epopee nicht fehlen. Sie warfen sich zu Richtern über eine Kunst auf, welche keiner von ihnen, den Ramsay ausgenommen, verstund; alle Regeln, die sie zur Verfertigung eines epischen Gedichts vorschrieben, sind bisweilen geschickter die Sache schwer zu machen, als zu erleichtern. Dem Genie allein kommt es zu, den rechten Weg zu zeigen.

Wenn noch diese Ausleger des Aristoteles, welche vom Apollo berufen zu seyn glaubten, um den Menschen seine Geheimnisse zu offenbaren, sich auf andere wichtige Stücke der Epopee, nemlich auf die Situationen und Episoden eingelassen hätten, so hätten sie doch einigermaßen etwas gutes gehabt; aber sie berührten nichts, weder von der Wirkung, die diese Einschaltungen thun, noch von der Nothwendigkeit und der Art sie zu machen. Wenn viele Dichter nicht Beyfall gefunden haben, so kommt es hauptsächlich daher, daß sie nicht genung von diesen Stücken angebracht, und daß daher der Leser zu viel Erzählung, und zu wenig Handlung bey ihnen antrifft. Die Henriade selbst hat, nach der Anmerkung eines gewissen Schriftstellers, diesen Fehler, und würde das schönste Gedicht seyn, wenn sich der Verfasser mehr seinem herrschenden Talente, dem Pa-

gel. Streit. II. Th.   Q   theti-

thetischen der Merope und Alzire überlassen hätte. Der Abschied des Hectors von der Andromache, in der Iliade; die Liebesgeschichte der Dido, die Freundschaft des Eurialus und Nisus, die Klagen des Evanders, in der Aeneis; Armida, Herminie und Clorinde, beym Tasso; die Berathschlagung der Hölle, Adam und Eva, beym Milton, das sind Stücke, die ihre Urheber verewigen, und welche von Genien nachgeahmt werden sollten, die verwegen genung sind, die Heldentrompete zu ergreifen, und auf die Begeisterung der Calliope Ansprüche zu machen.

Der Streit
über die Alten und Neuern.

Nichts ist wahrer, als die Anmerkung des Plato: „Die außerordentlich großen oder kleinen Gestalten werden unter den Menschen nur selten angetroffen, und es finden sich in der Natur wenig Riesen und wenig Zwerge." Wenn man die Anwendung davon auf die Alten und Neuern gemacht hätte, zu der Zeit, da man ihrentwegen so heftig stritt, so würde dieser Streit bald geendigt worden seyn. Weder die einen noch die andern sind ganz Riesen oder ganz Zwerge. Man sollte die Mittelstraße gegangen seyn, und weder bis zur Bewunderung noch zur Verachtung,

achtung, weder bis zur Vergötterung noch zur Lästerung ausgeschweift seyn. Aber ein ieder urtheilte nur nach seinem Geschmack, und nach dem, was er vermöge desselben für schön oder für fehlerhaft ansahe; keiner betrachtete bey den Gegenständen, die er vor Augen hatte, den Endzweck, und man sahe sie daher immer aus einem falschen Gesichtspuncte. Besonders übertrieben die Anhänger der Alten die Sache. Man macht ihnen diesen Vorwurf durchaus heut zu Tage, da man alles genauer eingesehen hat; heut zu Tage, da die einstimmige Meynung aller Nationen die Schriftsteller der Zeiten Ludewigs XIV den großen Männern der Zeiten Alexanders und Augustus an die Seite gesetzt hat. Es würde den Nebenbuhlern eines Sophocles, Euripides, Aristophanes, Terenz, Juvenal und Horaz nicht angestanden haben, sich mit eigenen Händen zu crönen, noch unsern Schriftstellern vom zweyten Range den Vorzug vor den Alten zu geben. Die Mäurer, die man ihnen mit Recht hätte entgegen setzen können, waren diejenigen, welche sich am heftigsten für das Alterthum erklärten. Man sahe damals eben das, was schon unter dem Augustus zu Rom geschah; denn dieser Streit über die Alten ist selbst sehr alt. Die lateinischen Schriftsteller stritten über die griechischen, so wie wir über beyde. Plinius der jüngere vertheidigt sich darüber, daß er von allem, was nicht zu seinen Zeiten und zu seinem Vaterlande gehört, ein großer Verehrer sey. Phädrus spottet über gewisse Schriftsteller

und

und Künstler seiner Zeit, die ihren Werken bekannte griechische Namen vorsetzten, um das Publicum zu hintergehen. Sie verschafften bisweilen ihren schlechten Geburten Beyfall und Abgang, wenn sie dieselben einem Phidias, Praxiteles, Plato oder Aristoteles auf die Rechnung schrieben. Heut zu Tage ist dieser Kunstgriff zu sehr abgenutzt. Man läßt sich nicht mehr von Schriftstellern hintergehen, welche, um die Käufer und Leser zu locken, ihre Namen in alte oder wenigstens ausländische verwandeln; vor kurzem aber ließ man sich noch in diesen Schlingen fangen. Man las mit der größten Ehrerbietung ein Werk, das in den Ruinen einer alten Stadt gefunden seyn sollte, und doch nur aus dem Kopfe eines hungerigen Autors entsprungen war. Man warf keinen Verdacht auf den Herausgeber, weil man sich gern betrügen ließ, und alles, was den Stempel des Alterthums hatte, mit großem Beyfall beehrte. Besonders waren die Gelehrten unter der Regierung Franz I, und auch noch lange Zeit nach ihm, in diesem Stück rechte Schwärmer. Man weiß, wie sie alle vom Muretus in der Person ihres Heerführers, des Joseph Scaliger, lächerlich gemacht wurden. a)

Der berühmte Bildhauer, Michael Angelo Buonarotti, spielte zu Rom eine ähnliche Comödie. Da er die blinden Verehrer des Alterthums anzuführen Lust hatte, vergrub er einen von ihm

ver-

---

a) Anecdoten I. p. 29.

verfertigten Cupido, an einem Orte, wo man, wie er wußte, nachgraben würde. Man hatte diese Statüe kaum gefunden, als sie von allen eingebildeten Kennern mit Erstaunen bewundert ward. Sie ward als ein Stück des Alterthums an den Cardinal Saint Gregorius verkauft; aber Buonarotti kam und foderte seinen Cupido wieder, und brachte, zum Beweise, daß er von ihm sey, einen Arm mit, den er von demselben abgebrochen, ehe er ihn vergraben hatte.

Alles dieses aber brachte die Verehrer des Alterthums noch nicht auf andere Gedanken. Sie hielten ihre Meynung für gegründet und für allgemein, so daß sie sich über einige kleine Widerwärtigkeiten leicht zufrieden gaben. In der That war ihre Verehrung gegen die Alten zu allen Zeiten und in allen Ländern Mode gewesen, daß es daher keine leichte Sache war, sich diesem Vorurtheile zu widersetzen. Man mußte sehr vorsichtig damit zu Werke gehen, und die Altäre der alten Gottheiten nicht auf einmal umwerfen; man mußte vielmehr nur suchen diese Verehrung in gewissen Schranken zu halten, und den Mißbrauch davon wegzuschaffen. Große Geister, Männer von vorzüglichen Talenten hätten diese Mühe über sich nehmen, und die Nation auf den rechten Weg bringen sollen: aber zum Unglück geschahe gerade das Gegentheil. Die besten Schriftsteller unter der Regierung Ludewigs waren alle für die Alten. Die Neuern hatten nur schlechte, oder höchstens mittelmäßige Schriftsteller auf ihrer Seite.

Der erste, der sich in Frankreich auf den Kampfplatz wagte, um den Alten ihren Ruhm und ihre Verdienste streitig zu machen, und den Vorzug unserer Schriftsteller vor den griechischen und römischen zu behaupten, war der Abt Boisrobert, der durch die Gunst, in welcher er bey dem Cardinal Richelieu stand, bekannt ist, obgleich das Publicum seinen Werken nicht viel Achtung erwieß. Von achtzehn Theaterstücken, die er verfertigt hat, liest man heut zu Tage nicht ein einziges mehr. Die Schuld des wenigen Beyfalls den er schon zu seiner Zeit fand, schob er auf die große Bewunderung der Alten, und kündigte ihnen daher den Krieg an. Er stellte sie als Männer vor, die zwar bisweilen vom Genie begeistert, aber allemal ohne Geschmack und Annehmlichkeiten wären. Dem Homer, als dem vornehmsten unter den Alten, ward am übelsten begegnet. Boisrobert verglich ihn mit den Bänkelsängern, die nur den Pöbel mit ihren Versen zu belustigen suchen.

Ein anderer Günstling des Richelieu, Desmarets de Saint-Sorlin, trat dieser Meynung bey. Dieser Autor stand wirklich in einigem Rufe, ob er sich gleich damit schadete, daß er zu viel schrieb. Er war der ausschweifendste Kopf, den man ie gekännt hat: man sagte daher von ihm, daß er unter allen Poeten der ärgste Narr, und unter allen Narren der beste Poet sey. Er ist durch die lächerlichen Auftritte am Ende seines Lebens bekannter geworden, als durch alle seine Wer-

Werke. Seine beyden Gedichte **Clodavdus** und **Magdalena** sind ein Gewebe von Possen, die er den besten Stellen der Jliade vorzog. Die Jliade schien ihm das abgeschmackteste Gedicht zu seyn, und um das Publicum auf seine Seite zu ziehen, erklärte er sich gänzlich wider den Homer.

Man lachte eine Zeitlang über die gute Meynung, die Saint-Sorlin von sich selbst hatte; um aber dieses Gelächter zu verhindern, wußte er geschickt seine Sache zur Sache der ganzen Nation zu machen, und alle großen Männer derselben denen berühmten Leuten Griechenlands und Italiens entgegen zu setzen. Perrault schwieg bis iezt noch; aber die öftern Ermahnungen des Saint-Sorlin, daß er sich doch zu seiner Parthey schlagen sollte, bewogen ihn endlich, sich selbst zum Haupt der Parthey aufzuwerfen.

Carl Perrault war eben nicht die wichtigste Stütze oder das vorzüglichste Genie der Nation. Er ersetzte aber den Mangel der Talente durch eine wahre Liebe zu denselben, und ward den Wissenschaften und Künsten weit nützlicher, als die meisten von denen, die in sehr großem Rufe standen. Er gab den Academien der Maler-, der Bildhauer- und der Baukunst ihre Gestalt. Er wandte, als Generalcontrolleur der Gebäude unter dem Colbert, die Gnade, in welcher er bey diesem Minister stand, darzu an, daß Leute von Verdiensten ansehnlich belohnt wurden. Es würde ihm mehr Ehre gebracht haben, wenn er nie die Thorheit begangen und Verse gemacht, sondern sich mit der Prosa begnügt hätte, in welcher er ganz ein anderer Mann war.

Seine Vergleichung der Alten und Neuern zog ihm viele und große Feinde zu. Man hielt das Gedicht auf die Zeiten Ludewigs des großen für die unverschämteste Satyre, die man auf alle andere Jahrhunderte machen könnte.

Es ist wahr, daß es Perrault blos in der Absicht gemacht hatte, um der großen Bewunderung gegen die Griechen und Lateiner Einhalt zu thun. Seine Gespräche sind die Entwickelung eben dieser Gedanken. Er zergliedert darinne die Iliade und die Schriften des Plato, und ruft in der Erstaunung über die Bewunderung, die man gegen diese beyden Genies blicken läßt, aus: „Gott muß „den Ruhm eines schönen Geistes sehr gering ach„ten, weil er geschehen läßt, daß man zween Män„nern, wie Plato und Homer, diesen Titel giebt, „einem Philosophen, der so wunderliche Erschei„nungen hat, und einem Dichter, der so wenig „vernünftiges sagt.„ Perrault that noch mehr: er setzte nicht allein unsere großen Schriftsteller über den Homer, sondern selbst die Scuderi, die Chapelain, die Cassaigne. Die Gedichte Marich das orleanische Mädchen, der gerettete Moses schienen ihm, in Vergleichung gegen die Rapsodien des Homers, Meisterstücke zu seyn. Wenn er dabey die Kunst verstanden hätte, die berühmtesten Männer auf seine Seite zu ziehen, so würde er vielleicht das Publicum geneigt gefun-

gefunden haben, ihm zu glauben. Aber er sagt entweder in seinen Vergleichungen gar nichts von ihnen, oder er sagt Dinge, die beleidigend sind. Despreaux fand sich darinne angegriffen; Racine desgleichen. Nun fand es Despreaux nicht für gut, so gleich loszubrechen; er fieng an den Geschmack an Satyren zu verlieren, indem er wohl merkte, daß sie ihn nicht so sicher auf die Nachwelt bringen würden, als seine Briefe, sein Pult, seine Dichtkunst; alles vollendete Schriften und Wunderwerke der Poesie. Er erlaubte sich nur hin und wieder einige Verse, in welchen er den Perrault ermahnte, auf seiner Hut zu seyn, und ihm vorstellte, wie alle Götter, Kinder des Homers, entschlossen wären, ihren Vater zu rächen.

Diese Gleichgültigkeit bey einem Manne, dessen Galle man sonst bey dem geringsten Angriffe, den man auf den Geschmack und die gesunde Vernunft that, übergehen sahe, war etwas erstaunendes. Der Prinz von Conti sagte daher, daß er auf seinen Platz in der Academie die Worte schreiben wolle: **Du schläfst, Brutus?**

Er erwachte aber endlich, und ergriff die Parthey der Alten, denen er so viel zu danken hatte, mit großem Eifer. Seine Anmerkungen über den Longin sind überall zu ihrem Vortheile. Hier ist es, wo er zu beweisen sucht, daß die Verehrung gegen sie keine Abgötterey, sondern eine vernünftige Hochachtung ist; er findet, wenn er einige kleine Fehler ausnimmt, die er an ihnen bemerkt, alles göttlich, und glaubt, daß sich die Natur bey ihnen erschöpft habe. Pindar, sagt er, wird immer Pindar, Homer immer Homer, Chapelain immer Chapelain und Scuderi immer Scuderi bleiben; und dabey wurden zugleich alle Perraults auf alle mögliche Arten lächerlich gemacht. Die Antwort des Perrault auf die Anmerkungen zum Longin war überaus bescheiden und sittsam: aber Despreaux war nicht selten ungerecht; er konnte es seinem Gegner nicht vergessen, daß er die Ode auf die Eroberung von Namur, und die Satyre wider das weibliche Geschlecht getadelt hatte. Was war aber der Tadel einiger schwachen Verse, einiger schlechten Ausdrücke, einiger wirklichen Versehen und einiger falschen Gedanken, gegen alle die Pfeile, welche Boileau auf die ganze Familie des Perrault losschoß?

Der Proceß dieser beyden Männer, die im Geschmack, im Genie und Caracter so verschieden von einander waren, ward vor den Richterstuhl des Publicums gezogen. Alle Schriftsteller von Europa warfen sich zu Richtern in diesem Streite auf; iede Nation hatte ihren Anführer. In Italien hielt es der berühmte Paul Beni mit der Parthey der Neuern, und glaubte, daß nichts sich mit dem Guichardin, Dante, Ariost und Tasso vergleichen ließe. Die Engeländer erwiesen ihren Schriftstellern gleiche Ehre. Saint-Evremond, der sich damals zu London aufhielt, redete unsern und ihren Autoren das Wort, so gut er konnte. Dieser schöne Geist, dieser

schlech-

schlechte Dichter, aber angenehme prosaische Schriftsteller, der zu Westmünster neben den Königen und den berühmtesten Männern von Engelland begraben liegt, redete und schrieb daselbst wider die Ungerechtigkeit, daß man nur die Alten hochschätzen sollte. Auf Bitten der Herzoginn von Mazarin, die durch ihren Verstand, ihren Geschmack und ihre Unglücksfälle so berühmt ist, besung er in einigen Stanzen den Ruhm des gegenwärtigen Jahrhunderts:

a) „Warum sollten wir das, was die Griechen als „Neuigkeiten bewunderten, nur deßwegen bewundern, weil es alt ist? Sollten wir denn „übler daran seyn, weil wir das Glück haben zu „leben?„

Perrault hatte demnach wenigstens einige Stimmen auf seiner Seite, obgleich sein Gegner mit häufigen Spöttereyen wider ihn loszog. Sein Triumph war außer seinem Vaterlande. In Frankreich hielt es kein einziger angesehener Schriftsteller mit ihm, außer dem Herrn Fontenelle, dessen aufgehender Ruhm dadurch einige Verdunkelung erlitt. Man achtete ihn beynahe nicht

besser

a) Pourquoi revérer, comme antique,
  Ce que les Grecs, dans leur attique
  Aimoient comme des nouveautés?
  Serons-nous donc plus maltraités
  Pour avoir le bonheur de vivre?

besser als einen Perrault. In der Ode auf die Eroberung von Namur ließt man eine Strophe wider den Fontenelle, welcher sich durch ein Sinngedicht über die neu herausgekommene Satyre auf die Weiber rächte; diese Rache aber war von kurzer Dauer. Die Widersacher des Fontenelle fanden bald Gelegenheit sich aufs neue an ihm zu reiben, da er unter diesen Umständen das Trauerspiel Aspar heraus gab. Racine machte das artige Sinngedichte, in welchem er den Ursprung der Pfeifchen auf dem Parterre in die Epoche dieses Trauerspiels setzt.

Da diejenigen, die selbst große Talente besaßen, und alles übrige durch ihr Génie ersetzen könnten, sich für das Alterthum erklärten, so kann man sich leicht vorstellen, wie nahe es denen gegangen, deren größtes Verdienst Gelehrsamkeit war, ihre Götzen so gemißhandelt zu sehen. Die Hüete, die Hardouins geriethen in Verzweifelung. Der Abt Fragvier starb fast für Verdruß, er, der in weniger als vier Jahren seinen Homer sechs bis siebenmal von forn zu lesen angefangen hatte; der, um die schönsten Stellen leichter wieder zu finden, oder besser zu behalten, sie mit Bleystift unterstrich, und immer so viel neue Schönheiten fand, bis die ganze Illiade unterstrichen war. Die Gelehrten glaubten, daß der gute Geschmack auf immer aus Frankreich verbannt wäre, wenn die Meynung des Perrault sollte angenommen werden. Sie sahen die Liebe zu den Alten als das sicherste Kennzeichen des Wachsthums oder des

Ver-

Verfalls der Wissenschaften an. Sie wollten nicht sehen, daß Perrault, der im Grunde sehr unpartheyisch war, und Schönheiten und Fehler, ohne Ansehen der Personen oder der Zeiten, gegen einander abwog, die Gegenstände ihrer Bewunderung nicht so wohl unter die Füße trat, als vielmehr die Grenzen dieser Bewunderung zu bestimmen suchte. Sie sagten, daß er, um Richter in dieser Sache zu seyn, Wissenschaften haben müßte, die er nicht hatte; daß seine Unfähigkeit seiner Billigkeit schade; daß er so wenig von den Schönheiten als von den Fehlern der Alten urtheilen könne; daß er die letztern weit zahlreicher gefunden habe, als sie wirklich sind, und daß er so gar dergleichen vorsetzlich erdichtet habe.

Racine, Despreaux, und alle, die denen Gelehrten noch Muth machten, da sie in der Liebe zu den Alten standhaft blieben, betrogen sich ebenfalls gar sehr. Sie sahen nichts als die einzelnen Schönheiten der Alten, und gaben nicht auf das Ganze Achtung. Die Vertheidiger des Perrault thaten davon das Gegentheil, und hatten eben so wenig Recht. Die eiferten wider die Fehler des Ganzen, und sagten nichts von den einzelnen Schönheiten. Keine von beyden Partheyen wußte also, worüber sie stritten. Man würde bald einig geworden seyn, wenn man ein Werk mit dem andern verglichen, und die Materie eines Alten mit eben der Materie eines Neuern, den Amphitrio des Moliere mit dem Amphitrio des Plautus zusammen gehalten hätte. Wenn man sich dieses

Mit-

Mittels bediente, so würde in der That der Vortheil auf unserer Seite seyn; man würde sehen, wie die Neuern die Künste zur Vollkommenheit gebracht, welche die Alten erfunden haben. Und wie viele Künste waren ihnen nicht gänzlich unbekannt! Ihre Music war sehr unvollkommen, und ihre Naturgeschichte war es nicht weniger. Alles ist verbessert worden, und ein Werk hat deßwegen nicht weniger Fehler, weil es alt ist. Die erste Maschine, die durch Räder und Federn getrieben ward, ist gewiß nicht die beste gewesen. Der älteste Poet ist demnach nicht der schönste. Die Poesien des Homer, sagt Saint-Evremont, werden stets Meisterstücke, aber nicht zu allem gute Muster seyn.

Zu der Zeit, da die beyden Partheyen am heftigsten stritten, kam der alte Abt Desmarais, gleich einem zweyten Nestor, sich zum Schiedsrichter aufzuwerfen. Er glaubte die Waagschale auf die Seite der Alten zu neigen, wenn er eine Uebersetzung vom ersten Buche der Ilias in Versen vorlegte; sie war aber so herzlich elend, daß ihn niemand mehr zum Schiedsrichter haben wollte, der sie gesehen hatte.

Unterdessen waren die Urheber des Streits müde geworden, und wollten denselben geendigt wissen: es boten sich daher gute Freunde von beyden Partheyen darzu an. Der Friede war beynahe schon geschlossen, als er auf einmal wieder zerrissen ward. Perrault wollte sich eher zu nichts verstehen, als bis man ihm verspräche, Achtung

für

Poesie.

für seine Schriften zu haben. Despreaux fand diese Bedingung sehr hart: aber endlich wurden alle Hindernisse gehoben.

a) „Alle poetischen Unruhen hören zu Paris auf.
„Der antipindarische Perrault und der homerische
„Despreaux wollen einander umarmen.„

Dem ohngeachtet war das Feuer noch nicht ganz verloschen; es brach heftiger und fürchterlicher wieder aus, als man den la Mothe mit der Madame Dacier in Streit gerathen sahe. Sie überschritt alle Grenzen der Bescheidenheit, indem sie ihre Uebersetzung vertheidigte, welche sie für vortrefflich hielt, weil sie besser war als ihres Gegners seine; aber weder die eine noch die andere ist erträglich.

Die Uebersetzung des la Mothe ist höchst abgeschmackt. Man kann nicht begreifen, wie sich ein vernünftiger Mann einfallen lassen kann, die Ilias in unsere Sprache zu übersetzen, der nicht ein Wort von der griechischen Sprache versteht; wie er mit dem Vorsatze, dem Gedichte seine rechte Gestalt zu geben, das übertriebene, kindische und überflüßige abzuschneiden, es noch mehr hat verlängern, und mit überflüßigen Dingen überladen

a) Tout le trouble poëtique
   A Paris, s'en va cesser,
   Perrault l'anti-Pindarique
   Et Despréaux l'Homerique
   Consentent de s'embrasser.

laben können; wie er einen Körper voller Festigkeit und Leben zu einem trocknen und ekelhaften Gerippe hat machen können. Ich rede nicht von dem Colorit des Homers, welches ein Uebersetzer, er sey wer er wolle, unmöglich vollkommen treffen kann; sondern ich rede nur von den Gedanken, den Bildern, dem Erhabenen und Wunderbaren, das in seinem Gedichte herrscht, und das man in alle Sprachen der Welt übertragen kann. Die prosaische Uebersetzung der Madame Dacier hat ihr in den Augen gewisser Leute die größte Ehre gemacht: aber wie trocken und mager, in welcher pedantischen Sprache, in welchen gezwungenen Wendungen ist gleichwohl diese Uebersetzung! Man trifft fast nirgends Spuren vom Genie an; alles ist Arbeit: kein Feuer, keine Poesie. Ein Poet muß von einem Poeten übersetzt werden. Man sollte sich über eine neue Uebersetzung des Homers machen; dieser Vater der Poesie ist noch unübersetzt. Wer sich daran wagen wollte, könnte nichts brauchen, als höchstens die Untersuchungen der Madame Dacier. Das Stück, das der Abt Desfontaines von der Ilias übersetzt hat, giebt uns einen Begriff von dem, was eine gute Feder auszurichten im Stande seyn würde. Wenn indeß die Uebersetzung der Dacier nicht zierlich, nicht poetisch, nicht feurig genug ist, so hat sie doch das Verdienst, daß sie dem Originale getreu ist, dahingegen La Mothe alles verunstaltet, verstümmelt und verderbt. Man hat zum Spaß zwey Verse, welche eine Beschreibung des Degens des Hectors enthalten, gemerkt: — a) „Das

Poesie.

a) „Das prächtige Gewicht eines Degens, die Zier-
„de und zugleich die Vertheidigung, hieng an sei-
„ner Seite„

Die beyden Uebersetzer machten einander allerhand Vorwürfe; aber diese Vorwürfe betrafen nicht so wohl die schlechten Uebersetzungen, die sie von einem vortrefflichen Stücke des Alterthums gemacht hatten, als vielmehr daß der eine den Homer vergöttern, und der andere ihn dieser Ehre ganz unwürdig erklären wollte. La Mothe legte sein Vorhaben in einer Abhandlung, die er seiner Ilias vorgesetzt hat, an den Tag. Diese Abhandlung ist scharfsinnig und schön, aber Homer erscheint darinne sehr klein. Man räumt ihm nichts von einem Poeten, oder einem schöpferischen Geiste ein. Man verwirft den Plan seines Gedichts, als ob er nicht bestimmt genug wäre; man tadelt die Menge seiner Götter, seiner Helden, die so eitel, so pralerisch, so grausam, so gottlos und schwatzhaft sind; man tadelt ferner die niedrigen Beschreibungen, die er bisweilen von gewissen Gewohnheiten macht; die langweilige und monotonische Erzählung; seine ekelhaften Wiederholungen; und selbst die Schreibart, die sich nicht immer zu den Gegenständen schickt. Die meisten Anmerkungen des La Mothe waren richtig; seine Grundsätze waren wahr; aber er machte
davon

a) D'une épée, ornement & défense à la fois,
   Pendoit à son coté le magnifique poids.

davon nur nicht die richtigste Anwendung. Die Madame Dacier legte ihre Meynung in der Vorrede zu ihrer Uebersetzung ebenfalls an den Tag, und nie ist ein Göte aufrichtiger verehrt worden, als sie ihr Original verehrt. Sie nennt es eine Quelle aller Tugenden, und aller menschlichen Weisheit. Homer ist alles in ihren Augen, Geographe, Chronologe, Antiquarius, Geschichtschreiber, Dichter, Redner, Naturkündiger, Moralist und Theologe. Sie läßt ihn über den Tod, über die Zeit und über den Neid triumphiren. Wie Schade ist es, sagt sie, daß kein Mensch einer so göttlichen Begeisterung fähig ist, um ihn in Versen zu übersetzen. Wer es ohne dieselbe wagen wollte, fährt sie fort, dem würde bald die Feder aus den Händen fallen, ie weiter er in dem Originale liest, und die Schönheiten desselben einsieht.

Diese widersprechenden Urtheile veranlaßten das Buch von der *Verdorbenheit des Geschmacks*, ein Buch, das selbst die Frucht eines verdorbenen Geschmacks, des Vorurtheils, des Hasses und der Verläumbung war. Das leidlichste, was man dem La Mothe darinne vorwirft, ist, daß er die griechische Sprache nicht versteht, und Opern verfertigt hat.

La Mothe mochte nicht Scheltworte mit Scheltworten vergelten, sondern wollte daß seine Gegenschrift ein Muster der Feinheit und Bescheidenheit seyn sollte. Er rechtfertigt sich darinne, daß er kein Griechisch verstehe, weil er, wie er sagt,

sagt, geglaubt habe, er dürfe den Homer nur aus der Ueberſetzung der Madame Dacier kennen lernen. In Anſehung der Opern ſagt er zu ihr: „Sie wird mir die, die ich gemacht habe, zu gut „halten, wegen der Ueberſetzungen die ſie vom „Verſchnittenen, vom Amphitrio, von eini„gen andern Comödien, die ebenfalls nicht die be„ſten Beyſpiele ſind, und von einigen Oden des „Anacreon gemacht hat, welche von einer Wolluſt „voll ſind, die von der Natur nicht gebilligt wird. „Wir wollen billig ſeyn: ich denke daß man mir „wohl einige Opern erlauben wird, welches ſehr „ſittſame Werke ſind, und in Vergleichung mit „denen, die ich angeführt habe, für Moralen kön„nen gehalten werden. Sie mag auch die Ro„mane, die ich ihrer Meynung nach ſoll geleſen „haben, gegen die zweyhundertmal, da ſie den uns „ſaubern Ariſtophanes mit Vergnügen geleſen hat, „abrechnen. Das, was ich ſchlechtes geleſen ha„be, beläuft ſich bey weitem ſo hoch nicht; aber „ich will ihr nicht Unrecht thun, ich bin zufrieden, „wenn wir die Rechnung gegen einander gerade „aufgehen laſſen.„

Noch waren die Gelehrten getheilt. Die, die ehemals für die Alten geſchrieben hatten, ſchrieben jetzt für den Homer. Boivin, ein gelehrter Mann, und dabey ein Mann von Genie und Geſchmack, erklärte ſich nachdrücklich zum Vortheil der Dacier. Fenelon, ob er gleich ein Freund des la Mothe war, wagte es doch nicht, ihm in allem Recht zu geben. Er geſtand, daß die Götter und Helden der Iliade nicht so gut wären, als ein ehrlicher Bürger unter uns; aber er wollte diesen Fehler nicht auf die Rechnung des Poeten schreiben lassen, als welcher sie den Sitten und Gewohnheiten seiner Zeit gemäß vorstellen mußte. Diejenigen hatten demnach, nach seiner Meynung unrecht, die sich daran stießen, daß Patrocles und Achilles ihre Mittagsmahlzeit selbst zubereiten, und die Prinzeßinn Nausicaa selbst ihre Kleider wäscht. Eine andere Vorstellung würde ein Fehler gewesen seyn, indem die Poesie blos eine Nachahmerinn ist. Fontenelle hatte unter allen am wenigsten Lust sich öffentlich zu einer Parthey zu schlagen. Seine Streitigkeit mit dem Racine und Despreaux hatte ihm die Lust zur Polemic benommen. Er berührte die Streitfrage nur obenhin, und machte beyden Partheyen Complimente.

La Mothe hatte die Marquise von Lambert, den Abt Terrasson, und den Abt de Pons auf seiner Seite. Die erste fällte von dem Homer ein Urtheil, so wie man es von einer Frau von Verdiensten erwarten kann, deren Schriften sehr viel Richtigkeit, Moral und Annehmlichkeit haben. Der Abt Terrasson suchte durch die Geometrie und mathematische Demonstration zu beweisen, daß Homer ein Wäscher sey. Der Abt de Pons endlich verfuhr mit der Dacier eben so, als sie mit dem La Mothe verfahren war. Sie gaben einander in Ungezogenheiten und Schimpfworten nichts nach. Dieser Abt schalt auf die ganze

Claſſe der Gelehrten, „der griechiſchen und latei-
„niſchen Handlanger, deren ſchwerfälliger Geiſt
„ſich nie über das ſclaviſche Geſchäfft, die Alter-
„thümer zu unterſuchen, erhebt.„ Die Ilias iſt,
ſeiner Meynung nach, ein ſchönes Ungeheuer, das
blos durch den Inſtinct eines einzigen Menſchen
entſtanden iſt. Er glaubte ſich ſchon dem Augenblicke nahe, wo es den großen Muſtern des
Alterthums eben ſo ergehen würde, als der Phi-
loſophie der Peripathetiker; er ſahe aber nicht,
daß er, da er der Dacier ihre ſchwärmeriſche Nei-
gung zum Homer verwieß, aus dem La Mothe
ſelbſt eine andere Gottheit machte.

Man muß noch den Abt Cartaud de la Vi-
late unter die Feinde dieſer gelehrten Frau rechnen.
Er ſagt, daß das Griechiſche ſehr ſonderbare Wirkungen auf den Kopf dieſer Frau gehabt habe;
daß man bey ihr eine lächerliche Vermiſchung der
Schwachheiten des weiblichen Geſchlechts, und
der Wildheit der Männer aus Norden anträfe;
daß eine Frau ſich durch eine gewiſſe Art der Ge-
lehrſamkeit eben ſo ſehr verſtelle, als wenn ſie einen
Knebelbart trüge; daß eine gelehrte Frau etwas
allzu mannhaftes an ſich habe, und daher ſchließt
er, daß die Madame Dacier nicht leicht jeman-
den in ſich verliebt machen werde. „Ihr Aeuſ-
„ſerliches, fährt er fort, ſieht einer ſcholaſtiſchen
„Bibliothec nicht ungleich. Wie ſchlecht würde
„es ihr laſſen, wenn ſie mit eben der Hand an ih-
„rem Putze arbeiten wollte, womit ſie eine grie-
„chiſche Stelle abſchreibt.„ Alles was Cartaud

de la Vilate in seinen **historischen und philosophischen Versuchen über den Geschmack**, von der Dacier sagt, ist in diesem Tone geschrieben.

Es gab noch andere Schriftsteller, die den La Mothe mit Lobsprüchen beehrten, und das Feuer der Zwietracht noch mehr anbließen. Dieser Streit ward endlich so lustig, daß man die Hauptpersonen desselben zu Paris auf das Theater brachte. Man stellte in einem traurigen Lustspiele den guten **Geschmack** als den Liebhaber der **Iliade,** die **Iliade** als Liebhaberinn des **guten Geschmacks,** die **Dacier** als die Mutter der **Iliade,** den **La Mothe** als den Liebhaber des **Mädchens** des **Chapelain,** und den **Fontenelle** als den Vertrauten des La Mothe, vor. Auf einem andern Theater stellte man den **Harlequin, Vertheidiger des Homers,** den **Harlequin,** als **Friedensstifter** u. s. w. vor. Auf einem Kupferstiche sahe man einen Esel, der an der Iliade nagte, mit dem auf die Uebersetzung des La Mothe, die aus zwölf Gesängen bestand, sich beziehenden Verse:

   a) Zwölf Bücher gefressen, und zwölfe verstümmelt.

Fourmont der ältere versuchte vergebens in seiner friedfertigen Untersuchung die Gemüther zu besänftigen. Er war selbst zu sehr für den Homer

---

a) Douze livres mangés, & douze estropiés.

mer eingenommen, und schonte den La Mothe zu wenig.

Valincour, dieser weise Freund der Künste, der Künstler und des Friedens, machte endlich diesem Unfug ein Ende. Er gieng von einem zum andern, sprach mit ihnen besonders, und versöhnte sie glücklich mit einander. Der Friede ward unterzeichnet, und das Manifest desselben bey einem Schmause, den er ihnen gab, allen bekannt gemacht. Die Frau von Staal, die auch dabey war, sagt: „Ich stellte die Neutralität da„bey vor. Man trank auf die Gesundheit des „Homers, und alles gieng wie es sollte.„

Ueber die Aeneis.

Da dieses Gedicht von mehrern kann gelesen werden, als die Ilias, so ist auch mehr darüber gestritten worden. Die vornehmsten Streitigkeiten sind folgende:

Die erste betraf die Frage, welchem von den beyden ältesten Gedichten man den Vorzug geben sollte? Die Lateiner waren darüber selbst nicht einig. Man zog anfänglich das lateinische Gedicht der Ilias vor:

a) „Macht Platz, ihr römischen, ihr griechischen „Schriftsteller, es kommt etwas größeres als die „Ilias zum Vorschein.„

Aber

a) Cedite Romani scriptores, cedite Graii,
Nescio quid majus nascitur Iliade.

Aber diese Schmeicheley des Properz fand nicht allgemeinen Beyfall. Der größte Lobspruch, den die Römer dem Virgil zu machen glaubten, war, daß sie ihn mit dem Homer verglichen. Die Liebe zum Vaterlande verblendete sie nicht so sehr, daß sie ihrem Landsmanne den Vorzug gegeben hätten, wie es bisweilen bey den neuern Nationen zu geschehen pflegt. Denn so rühmt der Engeländer seinen Milton; der Italiener den Tasso, Ariost oder Dante; der Portugiese den Camoens. Der Kluge wägt alles gegen einander ab, und er hat nur eine Waage, womit er das Genie und die Talente untersucht. Auch unter uns sind Vergleichungen des griechischen mit dem lateinischen Gedichte angestellt worden. Einige haben die Ilias, andere die Aeneis vorgezogen. Der Jesuit Rapin ist von den letztern. Boivin und le Bossu aber behaupten, daß es in der Iliade Stücke gäbe, die, alle Schönheiten des Virgils zusammen genommen, übertreffen. Der Abt Fraguier, der mit den Griechen so bekannt ist, als mit den Lateinern, mag darüber nichts entscheiden, und in der That ist dieß das klügste.

Wenn man von zwoen Arten verschiedener Schönheiten wählt, so thut es nur der selbst verschiedene Geschmack. Diejenigen, welche Gemälde voller Feuer und Kühnheit, die nur aus dem gröbsten gearbeitet seyn dürfen, lieben, werden sich leicht für die starken Züge der Ilias entschließen; die aber nur feine und sorgfältig ausgearbeitete Gemälde hochschätzen, werden
die

die schönen Stellen der Aeneis allen andern vorziehen.

Fehlt es dem Verfasser dieses letztern Gedichts nicht an Erfindung? eine andere Materie zum Streite. Die Aeneis, sagt man, ist ganz nach der Ilias eingerichtet: einerley Plan, einerley Götter, einerley Episoden. Die Liebesgeschichte der Dido ist eine Nachahmung der Liebesgeschichte der Circe und Calypso in der Odyssee; Aeneas steigt in die Hölle, so wie Ulysses in dieselbe hinab gestiegen war. Beyde Dichter haben ein Mährchen ihrer Zeit zum Gegenstande gewählt. Homer nahm die Eroberung von Troja darzu, und Virgil machte von dem, was man von der Ankunft und Niederlassung des Aeneas in Italien erzählte, Gebrauch.

Man muß über den Hardouin und seine Erscheinungen lachen, welcher in dem Aeneas den Messias erblickt. Eben so scharfsichtig sahe dieser Schriftsteller die christliche Religion in der Lalage, dem Mädchen des Horaz, und gab daher die Mönche des dreyzehnten Jahrhunderts für die Verfasser seiner Oden und der Aeneis aus.

Das einzige, was man dem Virgil als sein eigen ließ, war die Verwandelung der trojanischen Schiffe in Meernymphen, als Turnus eben im Begriff war sie zu verbrennen. Und noch räumte man ihm, in diesem Stücke Schöpfer zu seyn, aus keiner andern Ursache ein, als um zu zeigen, wie sehr seine Einbildungskraft ausschweife und auf

Ungereimtheiten verfiele, wenn sie sich selbst überlassen wäre.

Aber diese Beschuldigungen finden bey denen kein Gehör, die diesen Dichter besser kennen wollen, und unter sclavisch nachahmen, und die Erfindungen eines andern umschaffen, einen Unterschied zu machen wissen.

Man darf auch nur einen flüchtigen Blick auf das vorgebliche Original und die Copie desselben werfen, um den gewaltigen Unterschied zwischen beyden zu bemerken. Wenn Virgil den Ennius und einige niedrige Poeten nachahmt, so thut er es als ein großer Geist, als ein Mann, der zu seinem Ruhme aus allen Gruben rohe Diamanten heraus zieht, um sie zu bearbeiten und zu schleifen. Er thut eben das, was alle Schriftsteller von Genie, ein Corneille, Racine, la Fontaine, Rousseau, Voltaire, nach ihm gethan haben. Würde man nicht einen Menschen auslachen, sagt Segrais, der, wenn er das Louvre oder ein ander prächtiges Gebäude betrachtet, sagen wollte, daß diese Gebäude nicht neu wären, weil er an andern Orten ähnliche Verzierungen angetroffen hätte?

Die Materialien eines Gedichts, und die Anordnung desselben, sind zwey sehr verschiedene Stücke. Und ist denn Virgil in allen Stücken nichts als ein bloßer Nachahmer? Gehören ihm nicht eine Menge von Sachen eigenthümlich zu? Die Vorstellung des Schicksals, wie es das Reich des Augustus und die Macht der Römer gründet,

ist

Poesie.

ist seine eigene Erfindung. Die Verwandelung der Schiffe in Meernymphen thut seiner Einbildungskraft keinen Eintrag, als welche stets schön, stets vernünftig ist. Das römische Volk glaubte diese Verwandelung, und der Dichter ist der gemeinen Sage gefolgt; es würde in einem Gedichte auf den Clodoväus eben so wenig lächerlich seyn, wenn man der heil. Flasche zu Reims Erwähnung thäte. Diese Anmerkung macht der Herr von Voltaire, und eben dieser Schriftsteller, ein sehr verständiger Richter in der Epopee, ist ebenfalls nicht zufrieden, daß man den Nebenbuhler des Homers für trocken hält. Virgil, sagt er, ist um so viel mehr zu schätzen, daß er sein Gedicht nicht so mit Caracteren überhäuft hat, als die Iliade.

Es ist wahr, daß man in der Aeneis nur einen einzigen findet, und daß der Verfasser alles seinem Aeneas aufgeopfert hat. Der starke Cleanthes, der tapfere Gias und der getreue Achates sind nur Beyläufer und spielen sehr matte Rollen. Aber der Dichter hat vielleicht dadurch seinen Zweck besser erreicht. Das getheilte Interesse ist in der Poesie, so wie in der Malerey, der größte Fehler.

Wenn man indeß die Bewunderer des Virgils fragt, ob wir einen Virgil haben würden, wenn kein Homer gewesen wäre, so wissen sie entweder nichts zu antworten, oder sie müssen gestehen, daß einer den andern hervor gebracht habe, so wie wir einen Racine dem Corneille, einen

Des-

Despreaux dem Juvenal, dem Horaz und Regnier, einen la Fontaine dem Marot und Rabelais zu danken haben.

Der dritte Streit betrifft die Caractere in der Aeneis.

Der Verfasser des Trauerspiels Dido schrieb im Jahr 1734, Virgil sey in diesem Stück ein schlechtes Muster. Dieses Urtheil war zwar nicht zu strenge, dem ohngeachtet ist er mit dem Ausdrucke, dessen er sich bediente, nicht zufrieden. „Ich nehme ihn ietzt, sagt er, aus Achtung für den „Virgil, wieder zurück, ob ich gleich aus Achtung „für die Wahrheit noch eben so denke.„ Er findet an dem Aeneas nichts weniger als die Eigenschaften eines Helden. Er beschreibt ihn als einen ungetreuen Liebhaber, einen schwachen Prinzen, einen abergläubischen Andächtigen. Saint-Evremond hatte schon gesagt, daß sich der trojanische Prinz besser zum Stifter eines Mönchsordens, als eines Reichs geschickt hätte. a)

Der Herr le Franc, der überzeugt war, daß der Caracter des Aeneas nicht recht gemalt sey, wollte ihn besser zeichnen, und ihn den Begriffen, die wir von einem Helden haben, ähnlicher machen. Er stellt daher den Aeneas als einen gottesfürchtigen Prinzen und zugleich großen Mann vor; als einen Helden, der die Götter fürchtet, der sich aber die Orakel nicht bey der Nase herum führen

---

a) Das Sum pius Aeneas ward übersetzt, ich bin der einfältige Aeneas.

führen läßt; als einen freymüthigen und tapfern Helden, der seine Ehre nicht eher rettet, und sich aus den Armen der Dido reißt, als bis er ihr den Sieg über ihre Feinde verschaft, und von seinen erhabenen Gesinnungen die kräftigsten Beweise gegeben hat. Aeneas, der den Jarbas überwindet, und Carthago rettet, in dem Augenblicke da er die Dido verläßt, ist ein Meisterstück.

Der Abt Desfontaines gestand in einem Briefe an den le Franc vom Jahr 1740, daß der Caracter des Aeneas höchst elend sey, und daß der ohnfehlbar ausgepfiffen werden würde, der heut zu Tage einen solchen Caracter in einem Gedichte oder Romane vorbringen wollte.

Die Academie della Crusca hat in ihrer Vertheidigung des rasenden Rolands eben dieses Urtheil gefällt. Sie spottet über einen Helden, der sich nur mit seiner Liebe beschäftigt, da er nur von den großen Absichten, wozu ihn die Götter bestimmt haben, voll seyn sollte; der, da er aus Erkenntlichkeit zu Carthago hätte bleiben sollen, den Befehl dieser Götter zum Vorwande braucht, um sich lieber in einem andern Winkel der Erde nieder zu lassen, als in diesem, und der eine Königinn betrügt, die sich ihm überlassen, und ihn mit Wohlthaten überhäuft hat, damit er der Räuber eines Frauenzimmers werde, die schon an einen andern Prinzen versprochen war. Rousseau hat mit dem Aeneas und der Liebe der Dido auch seinen Scherz getrieben, wenn er sagt:

a) „Es

a) „Es war ihr Fehler, mit einem Worte. Was „dachte denn diese Schöne, daß sie sich einen „Andächtigen zum Liebhaber wählte?"

Aber die Meynungen sind darüber so verschieden, als die Schriftsteller selbst, die sich darüber heraus ließen. Der Präsident Bouhier rechtfertigt den Virgil in Ansehung der Caractere. Er findet den Aeneas der schönen Natur und dem wahren Heroismus gemäß. Er widerspricht dem le Franc, und verweist es ihm, daß er diesen Prinzen einen Schwachen und Ungetreuen genannt hat. Der Vertheidiger dieses Helden findet gar nichts schwaches an ihm, selbst in den Thränen nicht, die er bisweilen vergießt. Diese Thränen sind Thränen einer großen Seele. Weint Achilles nicht auch in der Iliade? Man will auch nicht zugestehen, daß Aeneas seinen Schwur gebrochen habe; er stand in keiner feyerlichen Verbindung mit der Dido.

Viel Dinge, die er sagt und thut, scheinen uns nur lächerlich, weil wir nicht die rechten Begriffe davon haben. Es giebt viel Arten des Heroismus. Wir wollen lauter Achilles oder Celadons haben, und bedenken nicht, daß derjenige, welcher den Aeneas malt, nicht allein einen großen Krieger und Eroberer, sondern zugleich einen großen

Staats-

a) Ce fut sa faute, en un mot.
   A quoi pensoit cette belle,
   De prendre un amant devot?

Staatsmann, einen klugen Gesetzgeber, einen Religionliebenden Prinzen habe vorstellen wollen; so wie man versichert, daß Augustus gewesen sey. Denn eben um den Andächtigen seines Hofes zu schmeicheln, hat Virgil den Caracter des Aeneas nach dem Caracter des Augustus gezeichnet. Der Herr von Voltaire tritt der Meynung des Präsidenten Bouhiers bey, und der Abt Deßfontaines hat sich ebenfalls auf diese Seite geschlagen. Er widerruft in seiner Vorrede zum Virgil alles, was er ehemals in einigen Briefen gesagt hatte.

Der Anachronismus im vierten Buche der Aeneis hat noch eine andere Gelegenheit zum Streite gegeben. Der Abt Marolles hat allen Geschichtschreibern widersprochen, und behauptet, daß Aeneas mit der Dido zugleich gelebt habe: Aber alle Chronologen stimmen darinne überein, daß Dido dreyhundert Jahre vor dem Aeneas gelebt habe. Die Gelehrten, die in Namen und Jahrzahlen sehr gewissenhaft sind, schreyen daher heftig wider die Verwegenheit des Virgils, und fodern ihn zur Rechenschaft, daß er zwo berühmte Personen zusammen kommen läßt, die doch ganze Jahrhunderte von einander gelebt haben; ingleichen, daß er der Königinn von Carthago eine so heftige und von ihrem Caracter ganz entfernte Leidenschaft andichtet, indem sie nach dem Tode des Sichäus ihm eine unverletzliche Treue schwor, und lieber den Scheiterhaufen wählte, als sich in neue Verbindungen einließ.

Die

Die Antwort auf diese Vorwürfe ist ganz leicht. Ein Dichter ist kein Geschichtschreiber; die Ordnung der Zeiten und der Oerter schränken ihn nur bis auf einen gewissen Grad ein. Man kann in einem Gedichte alles wagen, wenn man nur dem Zusammenhange der wahren Begebenheiten keinen Schaden thut; wenn man nur nicht durch die allgemeine Meynung widerlegt wird, oder etwas vorbringt, das gar nicht hätte geschehen können. Nun aber befindet sich Virgil in diesem Falle. Der Verfasser der Henriade ebenfalls, wenn er den König Heinrich IV insgeheim nach Engeland führt. Die Unterredung dieses Prinzen mit der Königinn Elisabeth, ist allen Regeln des epischen Gedichts gemäß. Und warum sollte man so sinnreiche und wahrscheinliche Erdichtungen verwerfen, wenn sie Quellen des Vergnügens werden? Wir würden ein Vergnügen weniger haben, wenn uns die Liebesgeschichte der Dido und des Aeneas entzogen würde. Sie würden nie Thränen auf dem Theater erregt haben. - Le Franc hat sie mit glücklichem Erfolg auf dasselbe gebracht. Racine wollte eben diese Materie bearbeiten; zum Unglück aber zog er die Liebesgeschichte der Berenice vor.

Der fünfte Streitpunct über den Virgil, ist die Frage, ob wir ihn ganz haben.

Einige Gelehrte, die sich für Kenner ausgeben, behaupten, daß die Aeneis noch nicht vollendet sey. Es ist daher eben so damit zugegangen, als mit einigen alten Bildsäulen oder andern

prächti-

prächtigen Denkmälern des Alterthums, die verstümmelt auf uns gekommen sind, an denen eine ungeschickte und plumpe Hand das fehlende hat ersetzen wollen. Maphäi hat zu den zwölf Gesängen noch den dreyzehnten hinzu gethan, welcher die Beschreibung der wahren oder eingebildeten Vermählung des Aeneas mit der Lavinia enthält.

Man hat indessen doch bewiesen, daß die Handlung in der Aeneis ganz sey. Und in der That, was verlangt der Leser weiter noch, wenn er die unversöhnliche Juno befriedigt, den Turnus tod, Lavinien und das Reich der Lateiner dem Helden zu Theil werden sieht?

Der größte Streit endlich, den die Aeneis erregt hat, betrifft die Vergleichung der einen Hälfte des Gedichts mit der andern. Die sechs letzten Bücher, sagt man, sind bey weitem so schön nicht, als die sechs ersten. Die Beschreibung der Zerstörung von Troja, die Erzählung der Liebe der Dido, die Reise des Aeneas in die Hölle, sind Stücke eines überaus großen Genies. Von dieser Höhe senkt sich der Schwan an der Tieber nun nach und nach wieder herab. Die Einbildungskraft, die durch die großen Gegenstände, die der Dichter anfänglich besungen hatte, erhitzt war, wird in dem Nachfolgenden kalt. Der Krieg mit den Lateinern, die ihr Vaterland mit Recht vertheidigten; das Heyrathsgeschäfte des Aeneas mit der Lavinia, die er nie gesehen hat, können freylich nicht bis zu jenen Gegenständen

gel. Streit. II. Th.   S   erho-

erhoben werden. Und was vermag alle Kunst ohne Natur?

Man muß es indeß nicht so annehmen, als ob Virgil in den letzten Gesängen gar nicht mehr Virgil wäre. Man findet vortreffliche Stücke darinne: z. E. die Rede der Abgesandten des Aeneas, und die Antwort des Königes Latinus; den Schild, den Vulcanus schmiedet, und Venus dem Aeneas schenkt; die pathetische Episode vom Eurialus und Nisus; die Beschreibungen verschiedener Gefechte, die nichts weniger als ekelhaft, und denen gleich zu schätzen sind, nach welchen le Brün die Schlachten Alexanders so schön vorgestellt hat. Dieß sind die Meynungen der meisten Kunstrichter, und desjenigen insbesondere, der vom Virgil folgendes Urtheil fällt:

a) „Er erschöpft sich bey der Dido, und läßt endlich „die Lavinia leer ausgehen."

Der Herr von Voltaire ist der Meynung, daß man die letzten sechs Gesänge leicht interessanter machen könnte; man dürfte nur den Aeneas und Turnus von einer ganz andern Seite zeigen: diesen von einer schlimmen, und jenen mit allen grossen Eigenschaften eines Helden. Turnus müßte nicht als ein junger, liebenswürdiger Prinz, der die Hand des angebeteten Gegenstandes verdient, sondern als der Unterdrücker desselben vorgestellt wer-

a) — Il s'épuise avec Didon,
Et rate à la fin Lavinie.

werden; er müßte sich die Schwachheit der Königinn Amate und des alten Königes Latinus zu Nutze gemacht haben, um ihre Staaten zu verschlingen; der trojanische Prinz könnte alsdann der Befreyer der Lavinie und ihres Vaters seyn; da im Gegentheil, bey dem Virgil, Turnus Lavinien vertheidigt, und man an dem Aeneas nichts gewahr wird, als einen flüchtigen Ausländer, der die Meere durschweift, und die Geißel der Völker, der Könige Italiens, und einer jungen Prinzeßinn geworden ist, so daß man in Versuchung geräth die Parthey des Turnus wider den Aeneas zu ergreifen.

Noch hat der Abt Dessontaines seinen Autor, den er übersetzt hat, vertheidigen wollen. Er findet, daß in der Aeneis das Interesse von einem Buche zum andern steigt; daß die sechs letzten Gesänge den ersten sechsen so weit vorzuziehen sind, als die Ilias der Odyssee. Er findet darinne weit schönere Materien, weit größere Begebenheiten zu entwickeln; Dinge, woran einer ganzen Nation, ganzen Familien, der Politic, der Religion, und allen Liebhabern wahrer Seltenheiten viel gelegen seyn muß. Die vorgeschlagenen Mittel zur Verbesserung dieser sechs Gesänge verwirft er durchaus, und erstaunt, daß man sich unterstehen könne den Plan großer Meister anders anzulegen.

Doch wir wollen schließen, und nur noch dieses anmerken, daß alle Schriftsteller in dem Puncte der Schreibart der Aeneis von einerley Meynung waren.

waren. Man weiß keine besondere anzugeben. Der Ausdruck derselben ist stets richtig, genau, ungesucht, deutlich, nachdrücklich, glänzend und natürlich. Dieser Dichter ist der beste Versificateur. Mit einem Worte, wenn er nicht der größte Maler und Zeichner ist, so ist er doch der vornehmste Colorist.

Ueber die Romane.

Man kann sie als Werke der Erdichtung und der Liebe definiren. Ihr Ursprung unter uns ist der erste Streit, den sie erregt haben.

Einige Gelehrten behaupten, daß es bey allen Völkern und zu allen Zeiten Romane gegeben habe. Man kann in der That bis auf einen Schüler des Aristoteles zurück gehen, welcher Däarchus heißt, und sich in dieser Art von Schriften geübt hat. Man führt die **Geschichte des Leucippus** und **Clitophon**, die **Liebesgeschichte der Rhodanis und des Sinonides**, des **Daphnis** und der **Chloe** an, die durch die artige Uebersetzung des Amyot, und durch die Kupferstiche die der Herzog von Orleans darzu gezeichnet, so berühmt unter uns ist. Man führt weiter den **Theagenes** und **Chariclea** vom Heliodorus, Bischof zu Tricca, im vierten Jahrhunderte an. Alle diese Werke, und besonders die letzten, sind wegen der Art, wie die Leidenschaften darin-

darinne angewendet werden, wegen der mannich-
faltigen Episoden, die geschickt mit der Haupt-
handlung verknüpft sind, und wegen der ange-
nehmen und natürlichen Schreibart, mit Vergnügen zu lesen.

Der Bischof Heliodorus ist der Fenelon der
Griechen. Man war indeß gar nicht mit ihm
zufrieden, daß er eine Materie abgehandelt hatte,
die sich mit der Würde seines Standes gar nicht
zu vertragen schien. So vorsichtig und bescheiden er auch in seinem Buche schreibt, so hielt man
doch die Lesung desselben jungen Leuten für so gefährlich, daß er von der versammelten Geistlich-
keit gezwungen ward, entweder sein Buch zu unterdrücken, oder sein bischöfliches Amt niederzule-
gen. Er wählte, wie man sagt, das letztere.

Die Geschichte Carls des großen und Rolands, die man dem Erzbischof Turpin fälschlich
zueignet, ist noch ein Beweiß von dem Alterthu-
me der Romane.

Der gelehrte Abt Fleuri will zwar behaupten,
daß sie erst im zwölften Jahrhunderte aufgekom-
men wären, und giebt die Geschichte der Her-
zoge der Normandie zur Quelle aller andern
an; dadurch wird nun die Meynung derer um-
gestoßen, die den Heliodorus zum Anführer aller
Romanschreiber machen, und sagen, daß aus der
Ehe des Theagenes und der Chariclea alle Romanen in italienischer, spanischer, deutscher, engli-
scher und französischer Sprache erzeugt wären.

S 3 Dom

Dom River setzt ihren Ursprung ins zehnte Jahrhundert, und sagt, daß der Roman Philomena, oder die Vielgeliebte, der älteste unter allen, um die Mitte dieses Jahrhunderts zum Vorschein gekommen sey. Dieser Roman enthält die vorgegebenen großen Thaten Carls des großen vor Narbonne und Notre Dame de la Grasse. Man sieht noch zu Toulouse ein Exemplar von der Philomena in der Originalsprache, so wie sie damals von artigen Leuten und am Hofe gesprochen ward. Sie zogen sie der lateinischen vor, welches damals die gemeine Sprache, aber sehr verderbt war.

Doch wir wollen den Streit über die Epoche der Romane, die von der romanzischen Sprache, in welcher sie geschrieben waren, also genennet wurden, bey Seite setzen, und einige Anmerkungen über den Unterschied der alten und neuern machen. Die ersten Romane waren ein unförmlicher Haufen von Geschichten, die halb falsch, halb wahr, aber alle ohne Wahrscheinlichkeit waren; ein Gemisch von verliebten Begebenheiten und ausschweifenden Einbildungen der damaligen Ritterschaft. Eben diese alten abgeschmackten Romane sind es, welche Cervantes mit seinem Dom Quichotte auf immer lächerlich gemacht hat.

Seit dieser Zeit nun sind die Romane zur höchsten Vollkommenheit gebracht worden, deren sie nur fähig waren. Die Astråa hat viel darzu beygetragen. Eine lebhafte und blühende Spra-

Sprache, sinnreiche Erdichtungen, wohl erfundene und gut ausgeführte Caractere, die dabey immer gegen einander abstechen, verschafften den großen Beyfall diesem Werke, in welchem der Verfasser seine eigene Geschichte und einen Theil der Begebenheiten seiner Zeit aufrichtig erzählt. D'Urfe, unter der Regierung Heinrichs IV, übertraf alle seine Vorgänger.

Der erlauchte Bassa, der große Cyrus, die Clelia machten ebenfalls ihre Verfasser berühmt. Man würde diese drey Romane, und auch die Aſträa noch lesen, wenn sie nicht ihrer Weitschweifigkeit und ihrer abgeschmackten Begebenheiten wegen unerträglich wären. Die Zaide von der Frau de la Fayette und vom Segrais, und die Prinzeſſinn von Cleve sind stets für Meisterstücke gehalten worden.

Aber geseßt ein Roman sey schön, er sey angenehm, was soll man eigentlich von ihm halten? Diese Frage geschieht noch alle Tage, und giebt Gelegenheit zu großen Streitigkeiten. Sind die Romane nicht ihrer Natur nach schädliche Bücher? Können sie mit der gesunden Vernunft, mit den guten Sitten, mit dem guten Geschmack, mit dem Wachsthume der Wissenschaften sich vertragen? Sollte man ihre Ausbrekung in dem Staate nicht noch sorgfältiger verhindern, als die Einführung der Contrebandwaaren?

Boileau sahe die Romane von dieser Seite an, und that alles, was er konnte, um sie in Verachtung zu bringen. Sie waren zu seiner Zeit, in der Mitte des vergangenen Jahrhunderts, am meisten Mode. Da es einigen Schriftstellern darinne gelungen war, so glaubten die andern alle auch glücklich zu seyn. Es kamen eine Menge Geburten ohne Genie, ohne Wahrscheinlichkeit an das Licht. Alle wurden gelesen, und alle wurden bewundert. Gomberville, la Calprenede, Desmarais und Scuderi wurden fast von der ganzen Nation gebilliget. Der französische Juvenal, der damals noch jung war, aber einen sehr feinen Geschmack und eine große Gabe richtig zu urtheilen besaß, gerieth darüber in Hitze und Eifer. Sein Gespräch, im Geschmack des Lucians, hob diese Verblendung auf.

Boileau spottet in diesem Gespräch über die Bürger und Bürgerinnen der Straße Saint-Honore, die unter den Namen Brutus, Horatius Cocles, Lucretia, Clelia vorgestellt werden. Er verlangt, daß man zur Strafe dieser Verkleidung, diese Schelme von Bürgern an den Rand eines Flusses führen, und da, wo er am tiefsten ist, mit dem Kopfe voran, mit sammt ihren Liebesbriefchen, galanten Schreiben, zärtlichen Versen, und zahlreichen Bänden ins Wasser werfen solle. Da indessen Despreaux einige Achtung gegen die Mademoiselle Scuderi hegte, so wollte er dieses Gespräch nicht so gleich drucken lassen. Er las es nur in einigen Gesellschaften ab; endlich aber gab er es öffentlich heraus, und der ganze Schwarm der Romanschreiber vereinigte sich wider ihn.

La Calprenede war einer von denen, die sich am meisten für beleidigt hielten. Er hielt sich für den besten Erzähler in Frankreich. Sein ganzer Ruhm war auf die **Cleopatra,** den **Caſſander** und **Pharamund** gegründet. Er gerieth daher ganz außer sich, da er sich auf dieser Seite angegriffen sahe. Die Eitelkeit dieses gasconischen Schriftstellers, der auch Verse machte, war außerordentlich. So böse er aber auch war, so war doch sein Zorn, so wie aller seiner Mitbrüder, von gar keiner Wirkung. Sie waren alle zusammen nicht im Stande sich an dem Satyrenschreiber zu rächen. Sie thaten nichts, als daß sie in allen Gesellschaften, wo er das Orakel war, auf ihn schimpften.

Nach dem Despreaux muß man den gelehrten Bischof zu Avranches, Huet, unter die Verächter der Romane zählen. Sein Werk über den Ursprung derselben machte viel Aufsehens, und trug viel zu ihrer Verachtung bey. Er beklagte das Schicksal Frankreichs, daß es mit so viel schlechten Werken überschwemmt würde. Wie sehr es sein Ernst gewesen, kann man daraus sehen, daß er bey keiner Materie, die er abgehandelt, so viel Geist und Feuer gezeigt hat, als bey dieser.

Aber was vermögen die stärksten Vernunftschlüsse wider die Empfindungen des Herzens? Die Romane behaupteten ihre Herrschaft, und waren nie stärker Mode gewesen, als in den darauf folgenden funfzig Jahren. Man glaubt von der Zeit

Zeit an, daß man zu belustigen suchen müsse, wenn man gelesen seyn will; man bezeichnet alles mit dem Stempel des Romans, und selbst Werke über die Wissenschaften werden in einem tändelnden Tone geschrieben.

Der P. Poree machte sich ebenfalls wider diese Modeschriften auf. Er hielt im Jahr 1736 eine Rede, in welcher er wider die Romane loszog. Man glaubt einen Cicero, einen Demosthenes zu hören, die ihr Vaterland vor einer drohenden großen Gefahr warnen. Er sagt mit seiner gewöhnlichen Beredsamkeit, und dem ihm eigenen Feuer alles, was wider diese Art von Schriften kann gesagt werden. Er redet bald als ein Gelehrter, bald als ein tugendhafter Mann, bald als ein Bürger. Er fodert die Obrigkeiten auf, daß sie sich der Ausbreitung der Romane widersetzen, und sie nicht aus allen Ländern, aus Spanien, Engeland, Holland, Griechenland, Persien, Malabaren und Japan zu uns bringen lassen sollen. Er hält den Geschmack an diesen Schriften für gefährlicher als die Pest selbst; der Hof, die Stadt und alle Provinzen scheinen ihm davon angesteckt.

Die Gemälde der hungrigen Romanschreiber, der Frauenzimmer, die sich Tag und Nacht mit Lesung derselben beschäfftigen, der kleinen Kinder, die den Händen ihrer Ammen entwischen, und schon Feyenmärchen in den Händen haben, eines Landedelmanns, der auf einem alten Lehnstuhle sitzt, und seinen Kindern die wunderbarsten Stücke

Stücke alter Ritterthaten vorließt, sind nach dem Leben gemalt, und verrathen die Hand eines großen Meisters.

Er hält die Romane so sehr für eine Klippe der Tugend, daß er ausruft: „Man bringe die „keuschen Belleropbons, die harten Hypolite her, „die gegen alle Anreizungen der Stenobäen und „Phädren unempfindlich gewesen sind, und man „wird sie verliebt werden sehen, wenn sie eine „Astraea und Prinzeßinn von Cleve lesen.„ Ein sehr unnützer Ausruf! Alle Wirkung, die derselbe that, war, daß die Romanschreiber die erste Batterie verließen, und eine andere besetzten.

Sie opferten die Natur der Kunst auf. Ihre Wahl fiel auf eine Metaphysic der Empfindung und eine bisher ganz unbekannte Feinheit. Man verließ die großen Begebenheiten, die heroischen Projecte, die artig geknüpften Knoten, das Spiel der großen Leidenschaften, ihre Triebfedern und ihre Wirkungen. Man nahm nicht mehr Helden vom Throne, sondern allenthalben her, selbst von dem niedrigsten Pöbel. Der Geschmack der Scuderi, der Segrais, der Villedieu machte dem Geschmacke der Lassan, Marivaux und Crebillon Platz. Der Titel Roman war auch zu sehr abgenutzt; man setzte daher den Titel, Geschichte, Leben, Nachrichten, Erzählungen, Begebenheiten, Anecdoten u. s. w. an die Stelle desselben.

Wäh-

Während daß so viele Schriftsteller sich angelegen seyn ließen, die Rasereyen ihres Gehirns unter allerley Gestalten zu Markte zu bringen, beschäfftigten sich andere mit der Vertheidigung derselben. Man stellte dem Despreaux, dem Huet, dem Poree andere Personen entgegen, deren Meynung von der ihrigen unterschieden gewesen war.

Die Gründe, die man zur Vertheidigung der Romane vorbrachte, waren ziemlich scheinbar. Ein Roman, sagte man, kann gut gemacht und geschrieben seyn; er kann die Sitten auf keine Weise beleidigen; er muß nicht eben eine abgeschmackte Galanterie zum Gegenstande haben: sondern kann eine feine Moral unter einer gewissen Handlung vortragen, oder den Leser durch angenehme Bilder, witzige und comische Einfälle belustigen. Ein solcher Roman ist möglich, und wir haben ihn schon am Gil Blas. Man machte daher den Schluß, daß man diese Schriften nicht ganz verwerfen, sondern nur den Mißbrauch davon absondern müsse.

Gil Blas ist allein so viel werth als viele moralische Tractate. Welche Wahrheit! welche Gemälde von den verschiedenen Ständen des Lebens! Dem Dom Quichotte, der Argenis des Barclay, welches ein Gemälde der Laster und Unbeständigkeit der Höfe ist, und einigen andern Versuchen von einer ganz besondern Art, als Zadig, Memnon, Babuc, Werke die dem Candide weit vorzuziehen sind, da die Philosophie

und

und die Moral auf eine so feine und einbringende Art darinne vorgetragen wird; diesen Werken kann man ebenfalls ihr Lob nicht versagen. Der Graf von Hamilton hat auch Romane in einem muntern Tone geschrieben, welches doch nicht der burlesque Ton des Scarron ist.

Der Verfasser der jüdischen Briefe sagt, daß der Dom Quichotte das Werk sey, welches er am liebsten wollte gemacht haben. Es ist gewiß, daß man einen Roman unter die besten Schriften rechnen kann, wenn er nach vorher genannten Mustern verfertigt ist. Ein guter Roman ist eben so wohl werth daß sich ein gelehrter Mann mit ihm beschäfftiget, als ein episches Gedicht, ein Trauerspiel oder eine Comödie. Das mittelmäßige in dieser Art ist eben so verwerflich als in allen andern. Wenn indeß die Sitten in einem Romane beleidigt werden, so ist der Verfasser für einen der schlechtesten Schriftsteller zu halten.

Der große Vorwurf, den man einem unserer Romanschreiber macht, ist, daß er seinen Ruhm nur durch einen Tanzai, durch einen Sopha, und verschiedene andere Werke, worinne nichts als Unverschämtheit herrscht, erhalten hat. Manon Lescaut ist eben ein solches Buch. Der Verfasser des Clevelands und der Denkwürdigkeiten eines Mannes vom Stande, darf auf diese Geburten nicht stolz seyn. Kann man denn

denn nicht angenehm erzählen, ohne ein Prediger des Lasters zu seyn?

Da dieser abscheuliche Ton am leichtesten zu treffen ist, so hört man ihn auch immer am öftersten reden. Es sind von diesen schrecklichen Originalen tausend Copien zum Vorscheine gekommen, die alle nicht das gute, aber wohl das schlechte derselben an sich haben. Man giebt den niederträchtigsten, den schwärzesten Handlungen die liebenswürdigsten Farben; man malt die Undankbarkeit, die Hinterlist, den Betrug, die Verrätherey in der gefälligsten Gestalt; man sucht entweder nur satyrische oder unverschämte Gemälde aufzustellen. Eine Heldinn glänzt in einem Romane nicht, wenn man nicht zwanzig Huren neben sie stellt. Anstatt zur Verbesserung der Sitten zu arbeiten, scheint man sich vielmehr zu ihrem Untergange verschworen zu haben. Man macht fast allezeit den Gedanken der Ausschweifung rege. Julie oder die neue Heloise, ein Werk, das so viel gelesen und so viel getadelt worden ist, ein Werk, das so viel Fehler und so viel Schönheiten hat, verdient besonders diesen Vorwurf. Nichts ist gefährlicher, als dieser Roman, da die Heldinn desselben ein so schlechtes Beyspiel giebt, da die Leidenschaften und Schwachheiten mit so natürlichen und lebhaften Farben darinne abgeschildert sind. Die Personen brüsten sich zwar mit großen Grundsätzen; aber sie handeln schon im ersten Theile wider dieselben. Sie scheinen das Laster empfehlen zu wollen, da sie die Liebe zur Tugend

Tugend unnütz machen. Der Verfasser verdient, als Romanschreiber, sehr wenig Achtung; er sündigt wider die Wahrscheinlichkeit; er ist weitschweifig und declamatorisch, interessant, aber leer an Begebenheiten und Situationen, voll überflüßiger und widersprechender Dinge. Er wirft sich zum Philosophen und Moralisten auf, und scheint, beseelt von der Vernunft, begeistert von der Tugend, ein Plato selbst zu seyn; aber er ist auch öfters ein sehr plumper Schüler des Epicurs.

Ein Frauenzimmer fragte einst in einer Gesellschaft, wo der Philosoph Dumarsais und der Präsident Demaisons zugegen waren, ob ein Roman oder die Erzählungen des la Fontaine gefährlicher wären? Ohne Zweifel sind es die Erzählungen, antwortete eine gute Freundinn; ein wohlgeschriebener Roman, setzte sie hinzu, kann von großem Nutzen seyn. Man stritt für und wider diese Sache. Dumarsais, dem man nicht verwerfen konnte, daß er zu strenge sey, mußte endlich gestehen, daß die Schamlosigkeit in einem so weit getrieben würde als in dem andern, und daß kein Unterschied sey, als daß die Ausdrücke in einigen Romanen etwas bescheidener wären, als in den Erzählungen. Dumarsais verwarf damit die Romanschreiber nicht ganz und gar, sondern verlangte nur, daß sie mehr für den Unterricht ihrer Leser sorgen sollten. Er glaubte nicht, daß man zu viel Schriften in der Art hätte, sondern nur daß man in der Schreibart so wohl als in der Materie derselben zu nachläßig wäre.

Der

Der Abt Langlet und der Ritter Mouhi halten die Romane vertheidigt. Der letzte hat mit großem Ernst und sehr lebhaft einen gewissen Schriftsteller widerlegt, welcher verlangt, daß junge Leute ihre müßigen Stunden zu Lesung eines geistlichen, moralischen oder historischen Buchs anwenden sollen. Dieser Ritter, der über den Büchern, für welche er stritt, grau geworden war, behauptet, daß ein Roman nicht gefährlicher sey, als ein Ball, eine Comödie, ein Spazierganz oder ein Spiel; er hält es für den kürzesten und sichersten Weg die Jugend zu unterrichten und ihr den Geschmack an gründlichen Wissenschaften beyzubringen, wenn man ihr zuerst angenehme Bücher in die Hände giebt; er giebt den Romanen den Vorzug, weil sie immer die Tugend belohnt und das Laster bestraft vorstellen, da man hingegen in der Geschichte tugendhafte Personen sehr oft unglücklich, und Bösewichter auf dem Gipfel der Hoheit und Glückseligkeit antrifft; er will endlich nicht gestatten, daß man ein Gut, ein unschuldiges Vergnügen deßwegen verbieten solle, weil es gemißbraucht wird, da zumal alles auf den Caracter der Menschen ankommt, und nichts böse ist, wenn man nicht schon einen Hang zum Bösen hat.

Man sieht aus den Gründen des Ritters Mouhi, daß er keine schlimme Sache zu vertheidigen geglaubt hat. Sein Werk ist betittelt: Der Finanzpachter. Schade daß wir keine Romane nach seiner Einbildung, sondern nur nach seinen

Romane.

seinen selbst gegebenen Mustern haben! Ich weiß nicht, ob der Autor, wider welchen er streitet, sich für überwunden gehalten hat; wenigstens hat man weder von dem einen noch dem andern weiter etwas gehört. Der Abt Langlet du Fresnoy, der anfänglich den Romanen den Vorzug vor der Geschichte gab, hat endlich Ursachen gefunden, seine Meynung zu widerrufen, in dem Buche: Die gegen die Romane vertheidigte Geschichte.

Ich komme nun auf den Unterschied der englischen Romane und der unsrigen, worüber die Schriftsteller gleichfalls getheilt sind.

Einige finden den Vortheil auf unserer Seite, andere aber auf der Seite der Engeländer. Wie viel Wahrheit in ihren Romanen! ruft man aus; wie viel glückliche Entwickelungen! welche lebhafte und natürliche Bilder vom menschlichen Leben! welcher Reichthum an Gedanken! welche erstaunliche Einbildungskraft! Man findet davon, auf einer einzigen Seite des *Mährchens von der Tonne* oder des *Gullivers* mehr als in drey Viertheilen unserer Romane. Welche Wahl überdem in den Caracteren! wie gut geordnet, wie wohl ausgeführt sind sie! Tom Jones ist einer von den schönsten Romanen, die man sich gedenken kann. Man rühmt besonders die Richardsonischen Romane wegen ihrer trefflichen Moral.

Seine unvergleichliche *Pamela* macht die Unschuld anbetenswürdig, wenn man sie in einem jungen, schönen, aber geringen und armen Mädchen belohnt sieht. Welches lehrreiche Beyspiel giebt die Clarisse, ein vornehmes, reiches, bescheidenes und verständiges Frauenzimmer, welches indeß die Thorheit begeht, daß es sich von einer ungerechten Familie entfernt, und darüber einem Bösewicht in die Hände fällt. Grandisson stellt uns zwo liebende Personen von gleichem Stande, Vermögen und Verdiensten vor; beyde sind liebenswürig, beyde sind vollkommen, und allen Pflichten der Religion und der Moral getreu; sie werden das Muster glücklicher Eheleute, nachdem sie vorher das Muster wahrer Liebenden gewesen sind.

Das Land, wo diese Romane zum Vorschein kommen, trägt auch zu ihrem Werthe und zum Ruhme des Verfassers bey. Man sollte vermuthen, daß bey einem freyen Volke, wo man denken und schreiben darf was man will, die Zahl unverschämter Schriften am stärksten seyn sollte. Gleichwohl findet sich das Gegentheil zu London. So viel Bücher auch daselbst gedruckt werden, so kommen doch weniger ausschweifende Romane zum Vorschein als bey uns.

Die Gestalt der Briefe, in welcher die Engeländer ihre Romane einkleiden, wird auch noch als ein lobenswürdiger Umstand angeführt. Die Erzählung wird dadurch leichter, natürlicher, lebhafter, interessanter, und der Leser wird neugieriger, aufmerksamer und empfindlicher gemacht. Er ist weniger gegen die Kunst des Autors mißtrauisch; er sieht und hört nichts als die Personen die zur Geschichte gehören, und der Betrug ist weniger zu merken. Das beständige *sagte er, antwortete er, erwiederte er,* u. s. w. wird durch dieses Mittel vermieden, und macht die Erzählung nicht so monotonisch.

Um diesen Vorzug, den man den englischen Romanschreibern einräumt, zu rechtfertigen, kommt man endlich auf die Fehler der meisten, von unsern Romanen: gleich als ob Engeland nicht auch gute und schlechte hätte. Man tadelt besonders unsere gekünstelten Intriguen, unsere häufigen Episoden, unsere unwahrscheinlichen Erdichtungen, unsere tiefsinnigen Monologen, unsere ekelhaft zärtlichen Unterredungen, unsere metaphysische Entwickelungen des Herzens, unsere zugespitzten Gedanken, unsere ans Phöbus grenzende Schreibart, die eine Feindinn aller Verbesserung ist. Man bemerkt diesen sanften Ton mitten unter den schrecklichsten Scenen, mit welchen unsere Romane erfüllt sind, mitten unter den Erzählungen von Verrätherey, Entführung, Gift, Dolchen, lebendigen Vergrabungen, Auferstehungen und Erscheinungen; alles fruchtbare Quellen für ein trockenes Genie.

Doch eben diese französischen Romanschreiber finden wieder ihre Vertheidiger, die den Engeländern ihre Weitschweifigkeit, ihr Wortgepränge, ihre niedrigen Bilder und tausend Züge vorwerfen, die zwar in der Natur, aber nicht in der schönen Natur sind. Sie finden nur in den unsrigen einen ordentlich und klug angelegten Plan, neue Situatiotuationen, den genauesten Wohlstand, ein schöneres, ein vollkommneres Ganze, als alle glänzenden Ausschweifungen einer fruchtbaren aber unordentlichen Einbildungskraft sind.

Aber ich halte mich zu lange bey den Romanen auf. Man mag ihre Verfasser, sie mögen Franzosen, Spanier oder Engeländer seyn, so hoch schätzen als man will, so werden sie doch nie von ihrer Nation in die Reihe der ersten Schriftsteller gesetzt werden. Diese letztern sehen sie stets mit den Augen an, mit welchen große Maler die Fächermaler und Musterzeichner ansehen.

4.
Streitigkeiten
über die
dramatische Poesie.

Ich werde in diesem Artickel handeln: 1) von der Liebe in den Trauerspielen; 2) von der weinenden Comödie; 3) von den Parodien; 4) vom Nutzen der Schauspiele und der Declamation.

Von der Liebe in den Trauerspielen.

Die Griechen bedienten sich der Liebe in ihren Trauerspielen nicht, und unsere sind alle voll davon. Welche von beyden haben Recht? Wenn es Schriftsteller giebt, welche die Athenienser deßwegen loben, so giebt es dagegen wieder andere welche sie tadeln.

Die ersten Trauerspiele des Racine brachten hauptsächlich diese Materie in Bewegung. Man sahe ihn eine neue Bahn eröfnen, und eine neue Gattung erschaffen, wovon man zuvor noch nichts gewußt hatte. Der Stolz, die Politic, die Rachgier waren fast die einzigen Leidenschaften, die man aufs Theater brachte. Rotrou hatte sich in die Liebe nicht recht finden können. Corneille bediente sich derselben mit glücklichem Erfolg im Cid; es ist dieses auch fast das einzige Stück von ihm, das fürs Herz ist. Dem Racine war es aufbehalten, die Liebe zum Grunde seiner Trauerspiele zu legen. Nie haben Stücke von der Art mehr Beyfall gefunden, und ihrem Verfasser mehr Liebe erworben.

Dem ohngeachtet mußte er sich manchen Widerspruch gefallen lassen. Man hielt die Kunst des Sophocles und Euripides für erniedrigt; man seufzete, die Majestät des französischen Schauplatzes durch matte Liebesgespräche beleidigt zu sehen; man wollte Melpomenen keine andere Sprache reden hören, als die sie bey den Griechen geredet hatte.

Der berühmte Abt Villiers war es, der sich am meisten dem Racine widersetzte. Sein Gedicht auf die Einsamkeit, welches des Saint-Amand seins weit übertrifft, und über die Kunst zu predigen, hatten ihm schon einen Namen ge-

gemacht. Er gab im Jahr 1676 ein Werk, unter dem Titel: Unterredungen über die ietzigen Trauerspiele, heraus, in welchem er sehr bedauerte, daß Racine und einige seiner Nachahmer so sehr die tragische Bahn der Griechen verließen.

Der unsterbliche Rousseau, dessen Ausspruch in streitigen Fällen so entscheidend ist, hat nach der Zeit noch eben diese Klage geführt. Dieser Dichter macht einen Unterschied zwischen der Liebe und der Galanterie; er verwirft die eine, erlaubt aber die andere. Die Liebe aber, die er auf dem Schauplatze dulden will, ist eine mit ihren eigenen Farben, und nicht mit dem falschen Colorit unserer Opern, unserer Romane und der meisten neuern Trauerspiele gemalte Liebe; eine Liebe mit allen ihren tragischen Folgen, mit Unruhe, mit Lasterthaten, mit Gewissensbissen begleitet, und in der schrecklichsten Gestalt vorgestellt, welche am meisten fähig ist, uns gegen diese Leidenschaft zu schützen.

Selbst der jüngere Racine tadelt seinen Vater, daß er sie so oft aufs Theater gebracht, und nicht in allen seinen Trauerspielen so glücklich damit gewesen ist, als in der Andromache und in der Phädra. Riccoboni hat in seiner Verbesserung des Theaters ebenfalls diesen Mißbrauch nicht vergessen. „Erstaunt man nicht, ruft er „aus, daß man beständig die Helden auf dem „Schauplatze so süße sieht? Bey dem Ekel, den „diese stets klagenden, eifersüchtigen, rasenden Lieb„haber, diese herbey gezogenen Nebenbuhler, diese

„zu allen Niederträchtigkeiten willfährigen Ver„trauten, nothwendig erregen müssen, sollte man, „anstatt diese abgeschmackten Possen zu bewun„dern, vielmehr unwillig darüber werden, und ru„fen: **Weg mit der Liebe, weg mit der „Liebe!** Warum nimmt man nicht eine andere „Art von Liebe, als die väterliche, kindliche, ehe„liche Liebe, oder die gegen das ganze menschliche „Geschlecht, gegen eine gewisse Parthey, wenn es „nun einmal Liebe seyn muß?„

Der Herr de la Place bewundert die Engeländer, daß sie nicht in eben den Fehler verfallen sind, den man uns vorwirft. „Die Galanterie, „sagt er in der Vorrede zu ihrem Theater, würde „nicht wohl aufgenommen worden seyn von ei„nem Volke, das nur von gräßlichen Bildern be„wegt wird, und auf welches Schwerdt, Gift, „Tortur, Rad, Galgen, Zauberer und der Teufel „selbst bey der Vorstellung eine ganz andere Wir„kung thun, als Unterredungen im Tone der Ele„gien. Einige Neuern unter ihnen, fährt er „fort, haben zwar Helden im Geschmack des Ti„tus und Alexanders beym Racine aufgeführt, sie „haben aber nicht Beyfall gefunden, und es nur „gelegentlich, oder vermöge der poetischen Frey„heit gethan.„ De la Place ist der Liebe ganz zuwider, die blos Zärtlichkeit, und nicht Ungestüm und theatralische Wuth ist, wie wir im Othello des Shakespeare finden; eine so wahre, so schreckliche, so tragische Liebe, von welcher der

Verfasser der Zaire die vornehmsten Schönheiten dieses rührenden Trauerspiels entlehnt haben soll.

Die großen, erhabenen, römischen Seelen, die Bewunderer heroischer Gesinnungen wollen auf dem Theater keine andern als erhabene Caractere leiden, die sich nur durch große Gegenstände in Bewegung setzen lassen. Wenn die Liebe, sagen sie, die kräftigste Triebfeder theatralischer Handlungen wäre, so würden die Griechen gewiß Gebrauch davon gemacht haben. Sie haben indessen die Liebe sehr selten gebraucht, den einzigen Caracter der *Phädra* ausgenommen, welcher gleichwohl vollkommen theatralisch, und der einzige in seiner Art ist. Verstellen sie ihre *Electra*, ihre *Jphigenia*, ihre *Merope*, ihren *Alcindon* durch Empfindungen der Zärtlichkeit, die dem wahren Heroismus so sehr entgegen sind?

Der Unterschied des Clima, der Sitten, der Gewohnheiten, der Gesetze, der Religion und Regierungsform kann auch nicht Ursache seyn, weßwegen sie die Liebe in ihren Trauerspielen nicht brauchen, da sie in andern Gedichten genung davon haben. Sie haben den Homer zum Muster genommen. Die Liebe hat ihnen vielleicht zu geringschätzig oder zu unschicklich geschienen, daß sie dieselbe nicht zur Hauptleidenschaft des Theaters haben brauchen mögen.

Doch hat es der Liebe auch nicht an Vertheidigern gefehlt. Sie sagen erstlich, daß die Griechen anfänglich lauter schreckliche Gegenstände hätten

hätten vorstellen müssen, weil der Geschmack ihrer Zuschauer an dergleichen gewohnt war; hernach, daß ihre Dichter weniger Anreizung gehabt, diese Leidenschaft zu brauchen, da das Frauenzimmer weit eingeschränkter lebte, und die Sprache der Liebe, nicht so wie heut zu Tage, in allen Gesellschaften gehört ward; daß endlich die Griechen keine Comödiantinnen gehabt, sondern die Frauenzimmerrollen alle durch verlarvte Mannspersonen vorgestellt hätten. Die Liebe würde in ihrem Munde eben so lächerlich geklungen haben, als sie in dem Munde unserer vortrefflichen Actricen angenehm klingt.

Eben diese Vertheidiger sagen, daß man heut zu Tage einen Dichter für ungeschickt halten würde, der den Beyfall des Frauenzimmers nicht achten wollte, und lauter Herzen zu finden hofte, die sich von einer ieden andern Leidenschaft eher, als von der Liebe, bewegen ließen. Orest und das gerettete Rom sind weniger vorgestellt worden, als Stücke, die unter dem mittelmäßigen waren, die aber durch gewisse zärtliche Situationen dem weiblichen Geschlechte gefielen. Wie muß es kommen, daß man an dem Interesse des Staats und des Vaterlandes nur in London so viel Antheil nimmt?

Jede Parthey führt zu Bestätigung ihrer Meynung Muster an. Das Beyspiel des Corneille, der stets ins große malt, der sich fast immer über den Ton der Galanterie seiner Zeit erhebt, wird von denen angezogen, welche für die stolzen und strengen Sitten der alten Tragödie, und für die einem Menschen rühmlichen Leidenschaften sind. Sie eignen sich den Sieg um so viel mehr zu, da Racine selbst am Ende seines Lebens, seinen Irrthum erkannte, und den wahren Gegenstand des Theaters verfehlt zu haben glaubte, so daß er auch sein Talent zu edlern Leidenschaften brauchte. Das Meisterstück **Athalia** ist der Triumph ihrer Meynung.

Sie berufen sich noch auf den Verfasser der **Merope** und des **Orests**. Sie fragen ihn, wie viel Ueberwindung es ihm gekostet, dem Geschmack der Nation etwas aufgeopfert, und nicht alle neuen, männlichen und erhabenen Schönheiten gesagt zu haben, die ihm sein Genie darbot. Er schrieb, als man die **chinesische Wayse** aufführte, an einen seiner Freunde: „Ich würde „die Tartarn mehr zu Tartarn gemacht haben, „wenn die Franzosen weniger Franzosen wären.„ Man weiß, wie ungern er sich der Liebe im **Oedipus** bediente, und mit welcher Freyheit er seinem Geschmacke in dem **Tode Cäsars**, in der **Merope**, im **Orest** und im **geretteten Rom** folgte. Diejenigen Stücke von ihm, an welchen die Liebe wenig oder gar keinen Theil hat, sind vielleicht immer die besten.

Orest, der, so weit es unsere Sitten erlauben, eine Nachahmung des Sophocles ist, gefiel den Liebhabern der griechischen Tragödien ausnehmend. Die Natur schien ihnen gerächt. Sie suchten durch Abhandlungen und Dissertationen ihren

ihren Geschmack weiter auszubreiten; und die Einfalt der Alten, die man wieder einführte, auf alle Weise anzupreisen. Einer von ihnen fällte über alle alten und neuen **Electren** ein Urtheil, und dieses gefiel dem Kanzler d'Aguesseau, diesem großen Bewunderer der Alten, so wohl, daß er dem unbekannten Verfasser über sein Werk ein Compliment machen ließ.

Wie Schade ists, daß **Iphigenia in Tauris**, welche Racine nach diesem Plane angefangen hat, nicht fertig geworden ist! Ob sie gleich seit kurzem ohne Liebe auf das Theater gebracht worden ist, obgleich der Verfasser ein Talent gezeigt, und das Stück selbst Beyfall gefunden hat, so hat doch **Euripides** darinne verlohren. Unter den Händen des Racine würde er ohnfehlbar gewonnen haben. Welch rührendes Schauspiel würden wir haben, wenn er die **Trojanerinnen** gemacht hätte!

Auch diejenigen, welche die Liebe im Besitz des Schauplatzes lassen, führen den großen Corneille zu ihrem Behuf an, der sich nie größer gezeigt hat, als in den schönen Scenen des **Cid**, in dem wunderbaren Streite der Pflicht mit der Leidenschaft, und wo die Leidenschaft stets der Ehre aufgeopfert wird. Sie setzen der **Esther** und **Athalia** die übrigen Trauerspiele des Racine entgegen. Der süße Campistron ist ihnen auf alle Art willkommen. Selbst der harte und holprichte Crebillon, der aber in einigen Stellen erhaben ist, und vortrefflich seinen Caracteren

Schat-

Schatten und Licht zu geben weiß, muß ihre Meynung unterstützen helfen. Dieser opfert alles der Liebe auf; er malt sie abscheulich, so wie alles, was aus seinem erhitzten und schwarzen Gehirn entspringt. Der Verfasser der Zaire sagte daher eines Tages zu einem jungen Tragödienschreiber: „Sie und Crebillon sollten alle Morgen, „ehe sie sich über eine Tragödie setzten, fünf bis „sechs Nössel Blut trinken."

Die Vertheidiger der Liebe können, außer dem Ines von Castro des la Mothe, einem Trauerspiele, das zwar schlecht geschrieben ist, worinne aber doch die allerunglücklichste Liebe auf eine sehr rührende Art vorgestellt wird, noch das Trauerspiel Dido anführen. Es ist nur eine verliebte Rolle in diesem Stück, so wie in der Ariana: aber diese Rolle ist sehr rührend, indem sie die schrecklichen Wirkungen dieser Leidenschaft in dem Herzen eines Frauenzimmers, das in allem bis zum äusersten ausschweift, vorstellt. Man räumt ein, daß die ersten englischen Dichter die Liebe vom Schauplatze verbannt haben, aber ihre Nachfolger haben sie wieder auf denselben gebracht. Diese Veränderung hat sich unter der Regierung Carls II zugetragen, als welcher die Vergnügungen liebte, und dessen Hof, nach dem Hofe Ludewigs XIV, der galanteste in Europa war. Es ist eine Zeit gewesen, wo man nichts als die verliebten Oldfields und Duclos achtete. In Italien hat ein Frauenzimmer, die sich aufs Theater begiebt, sich am meisten auf diese Rollen zu befleißigen. Man würde

würde ein junges und schönes Mädchen bald auslachen, die sich lange mit heroischen und politischen Dingen abgeben wollte.

Wenn endlich auch die Liebe auf dem Theater ein Fehler seyn sollte, so entschuldigen ihn die Vertheidiger derselben doch mit dem Gebrauch, den die ansehnlichsten Dichter davon gemacht haben. Die chinesischen Tragödienschreiber haben sich, nach den griechischen, am meisten davor gehütet. Ihre Trauerspiele sind fast immer moralisch, und mit Gedanken und Beyspielen ihrer Philosophen und Helden angefüllt. Ich mag nichts vom peruvianischen Theater sagen, welches sehr sittsam, majestätisch, und bestimmt seyn soll die merkwürdigen Handlungen der Incas und anderer grosser Männer des Landes zu verewigen. Dieser Schauplatz kann zu keiner Regel dienen, weil er vielleicht selbst zu wenig regelmäßig ist. Man sagt, daß die Peruaner gar nichts von der Wirkung wüßten, die die Liebe auf dem Schauplatze thut. Was kann man aber daraus in Europa wider einen Gebrauch schließen, dessen Einführung die Quelle so vieler Schönheiten und Gefühlvoller Meisterstücke gewesen ist?

Die sinnreiche Anmerkung des Herrn von Voltaire ist das beste diesen Streit zu entscheiden, und beyde Partheyen zu vereinigen. „Liebe in „allen Tragödien zu verlangen ist ein weibischer „Geschmack, sie aber ganz daraus zu verbannen „ist ein sehr unvernünftiger Eigensinn." Wenn man sie aber, setzt dieser Autor hinzu, brauchen will,

will, so muß sie den ersten Platz einnehmen, und der Faden des ganzen Stücks werden.

Diese Leidenschaft kann ihrer Natur nach keinen niedrigen Rang annehmen. Rotrou und Corneille haben es fast allezeit gethan. In den Stücken des Racine ist die Liebe stets so wie sie seyn soll, herrschend und gebieterisch; eine Stufe niedriger würde sie nur Galanterie seyn.

Alles was wir vom Trauerspiel gesagt haben, kann auch von der Oper gesagt werden, welche Saint-Evremond eine Thorheit nennt, indem er sagt, daß eine mit Music, Tänzen, Maschinen, Malereyen ausgeschmückte Thorheit, zwar eine prächtige Thorheit, aber doch immer eine Thorheit, ein elender Grund unter einem schönen Aeußerlichen sey.

Ueber die weinende Comödie.

Nivelle de la Chaussee ist nicht der Vater derselben, ob man ihn gleich insgemein dafür hält. Die Römer haben diese Gattung schon gekannt. In der Hecyre des Terenz ist nur eine einzige Person, die zum Lachen bewegt, und sie kommt darzu nicht eher als am Ende zum Vorschein; alle andern erregen Thränen. Man weint ebenfalls in der Andrienne. Das Pathetische geht gleich mit dem ersten Act an, und man sieht sie mit eben der Empfindung spielen, als den Ines oder die Zaire.

Indessen kann man dem la Chaussee die Ehre nicht versagen, daß er diese Gattung der Comödie auf unserm Theater eingeführt und zur Vollkommenheit gebracht habe. Das Vorurtheil nach der Mode, die falsche Antipathie, und die Schule der Freunde, müssen diesem Schriftsteller Achtung erwerben, der bey allen Zierrathen, die er überall anbringt, dennoch die Sprache des Herzens redet. Melanide ist sein bestes Stück. Man kann dem la Chaussee unmittelbar nach den großen schöpferischen Geistern seinen Platz anweisen.

Aber eben diese Gattung der Schauspiele, die er, wenn er sie nicht erfand, wenigstens verbesserte, hat zu heftigen und wichtigen Streitigkeiten Anlaß gegeben, die auch noch dauern. Einige verwerfen sie ganz und gar; andere aber wollen sie als eine Quelle neuer Vergnügen erhalten wissen. Wir wollen die Gründe beyder Partheyen untersuchen, um zu sehen, auf welcher Seite die Wahrheit ist.

Das erste, was man dawider sagt, ist, daß unsere großen theatralischen Schriftsteller nichts von dieser Gattung gewußt haben; daß weder Moliere noch Regnard dergleichen gemacht, und daß man keine andern Comödien weiß, die hieher zu rechnen wären, als die Melite, der königliche Platz, die Wittwe, alles sehr schlechte Stücken, die ihrem Verfasser wenig Ehre machen.

Man spricht hierauf vom Zweck der Comödie, welche das Lächerliche der Menschen vorstellen soll.

soll. Man verfehlt demnach den wahren Gegenstand des Comischen, wenn man rühren will. Man wird nicht mehr die Thorheiten der Menschen oder das Lächerliche der Gesellschaften malen, sondern man wird widernatürliche Tugenden und Fehler ersinnen, um Thränen auszupressen. Man wird alles dem Pathetischen aufopfern. Außerordentliche und galante Begebenheiten werden zu theatralischen Handlungen gewählt werden. Unsere Comödien werden sich in dialogirende Romane verwandeln; man wird den Geschmack der Alten mit dem Neuern vertauschen, weil er leicht und reich an Materien ist. Die Comödie wird also in einen schlechtern Zustand gerathen, als sie in ihrer Kindheit war.

Der Abt Desfontaines war einer von denen, die am meisten in Unruhe geriethen. Er wollte nicht geschehen lassen, daß man dieses Gemische von Pathetischen und Ernsthaften, von Lachen und Weinen, dem gewöhnlichen Comischen vorziehen sollte. Es war zwar nicht so wohl die Neuerung selbst, die ihm mißfiel, als vielmehr der Mißbrauch, den man damit machen würde. Er glaubte stets die Zeiten des Augustus verschwinden, und die Zeiten des Trajans ankommen zu sehen. Den Anfang machte er in seinen wöchentlichen Blättern, und der berühmte Piron, ob er gleich ein Feind des Desfontaines war, that ein gleiches. Piron verglich diese rührenden Comödien mit den Predigten: *Du willst also den P. La Chaussee predigen hören?* sagte er mit einem seiner Freunde, dem er begegnete, als dieser in die Melanide gieng. Er machte ein Sinngedichte auf die beyden Thalien, wovon die eine ungeschminkt, gefällig, lächelnd wie Venus, die andere aber frostig und affectirt vorgestellt wird.

Man antwortete auf diese Critik des weinenden Lustspiels so wie es sich gehörte. Man setzte ihr den erstaunenden und beständigen Beyfall, den diese Gattung gefunden hatte, das Vergnügen, welches das Frauenzimmer daran fand, den Eindruck, den ein Gemälde der Tugend auch auf das ruchloseste Herz macht, und die Pflicht, alles was neu ist und nützlich scheint zu versuchen, entgegen. Je mehr dieses Schauspiel getadelt wird, desto mehr müssen wir es zu erheben suchen, sagten seine Vertheidiger, und einen würdigen Bürger schadlos halten, weil wir nicht in einem zweyten Athen leben, welches diejenigen belohnte, die ihrem Vaterlande neue Vergnügen verschaffen. Sie glaubten die Natur nicht verlassen, sondern vielmehr besser eingesehen zu haben, und hielten den geschwinden Uebergang vom Lachen zum Weinen und vom Weinen zum Lachen den schnellen Abwechselungen und öftern Widersprüchen derselben vollkommen gemäß.

Es gieng der weinenden Comödie wie den Pastelmalereyen, die um eben diese Zeit erfunden, und eben so heftig getadelt, aber deßwegen nicht weniger gesucht wurden, sondern vielmehr durch Neid und Verfolgung in Aufnahme kamen.

gel. Streit. II. Th.

Riccoboni zieht die weinende Comödie der lachenden vor, und nennt in einem Schreiben an einen seiner Freunde den La Chaussee einen der größten Geister der Nation, und setzt ihn dem Moliere an die Seite.

Die übertriebenen und lächerlichen Lobsprüche, womit dieser Brief erfüllt war, thaten demjenigen, den sie angiengen, mehr Schaden als alle Critiken. Man antwortete darauf, und klagte sehr über das Verderben des Geschmacks überhaupt, und den Mißbrauch des tragischen insbesondere. Man nahm die Physic zu Hülfe, um zu zeigen, daß sich das Traurige und Lustige nicht mit einander vereinigen ließe, sondern eins das andere hindern oder gar aufheben müsse, indem man sehr wenig geneigt sey zu lachen, wenn man geweint hat, oder zu weinen, wenn man gelacht hat, und daß daher die Seele allemal nur bis auf einen sehr schwachen Grad gerührt werden könne. Man spottete über den Mischmasch von Narrenpossen und pathetischer Ernsthaftigkeit; über die Ehre, die man seinen Zuschauern anthut, wenn man sie wie Kinder oder Narren will weinen, und in dem Augenblicke wieder lachen lassen. Es kamen allerhand kleine Werkchen heraus, unter den sonderbaren Titeln: Trauerspiel zum Lachen; Lustspiel zum Weinen.

Beyde Partheyen stritten noch mit gleicher Hitze, als der verschwenderische Sohn heraus kam; ein vortreffliches Stück in diesem neumodischen Geschmacke, in welchem starke rührende Scenen,

Scenen, und auch artige scherzhafte Einfälle vorkommen; einige von denen zwar ausgenommen, die dem Rondon und Fierenfat in den Mund gelegt sind. Man sollte alle Pickelherings- und und grotesque comischen Possen aus der weinenden Comödie entfernen. Melanide kann darinne zum Muster dienen. Der verschwenderische Sohn ward dreyßigmal aufgeführt. Der Verfasser hatte sich nicht genennt, man errieth ihn aber an dem Tone des Stücks.

In der Vorrede legt der Herr von Voltaire die Ursachen an den Tag, die ihn bewogen, auch diese neue Gattung der Comödie zu versuchen. Er hält sie alle für gut, so lange sie gefallen, und diejenige für die beste, die am fleißigsten gearbeitet worden ist. Er hält das weinende Lustspiel für ein Bild des gemeinen Lebens. „Trägt es sich „nicht öfters zu, sagt er, daß in eben dem Hause, „in eben der Familie, zu eben der Zeit, und um „eben die Sache ein Vater schillt, eine Tochter „von ihrer Leidenschaft getrieben weint, der Sohn „über beyde spottet, und die Freunde oder Anver„wandten auf verschiedene Weise Theil daran neh„men? Ein munterer Einfall, ein Scherz bewegt „oft mitten unter der Betrübniß und dem Wei„nen zum Lachen. War nicht das Leben des „Scarrons eine beständige Abwechselung zwischen „dem heftigsten Schmerze und der leichtsinnigsten „Freude?„

Der verschwenderische Sohn brachte die weinende Comödie erst recht in Aufnahme, und machte, daß sie haufenweise zum Vorschein kamen. Der Titel zog schon eine Menge Zuschauer herbey, und der Geschmack daran schien so allgemein zu seyn, daß die Tadler sich genöthigt sahen zu schweigen. Der Abt Desfontaines gab selbst dem Strome nach, und sagte, sie hätten einen Freypaß bekommen.

Nanine war ein neuer Versuch in der Art. Wenn sie auch anfänglich nicht den Beyfall fand, den sie verdiente, so hat sie ihn doch in der Folge erhalten. Es ist eins von den angenehmsten Stücken des Verfassers. Alles scheint darinne aus der Empfindung, aus der Wahrheit selbst in die Feder geflossen zu seyn, und alles ist durch die muntersten Farben verschönert. Nichts gezwungenes, nichts niedriges, nichts scherzhaftes am unrechten Orte! die Rolle des Bedienten, so lustig sie ist, ist dennoch nicht übertrieben. Eine alte Frau sollte man zwar daraus wegschaffen, die zu lachen machen will, und überaus schwatzhaft ist. Nanine erregt auf dem Theater eben die Empfindungen, als Pamela in dem Roman dieses Namens.

Cenie und die Schottländerinn gehören auch hieher. Die letztere ist der letzte Versuch, den man in dieser Gattung gemacht hat. Die Satyre, die darinne enthalten ist, schadet dennoch der Rührung des Stücks nicht.

Es hat ein ieder comischer Autor seinen eigenen Caracter. Menander war rein, zierlich, natürlich und einfältig. Aristophanes ist gerade das

Ge-

dramatiſche Poeſie.

Gegentheil. Man hat die Muſe des erſten mit einem erbaren Frauenzimmer, und des andern ſeine mit einer lüderlichen Metze verglichen. Eine gewiſſe, oft grobe Unſauberkeit, mit häufigen Zügen des Genies vermiſcht, ſind das Kennzeichen des Plautus. Terenz iſt ein liebenswürdiger, artiger, angenehmer, ſittſamer und fein ſcherzender Schriftſteller. Moliere hat die Schönheiten und die Fehler der einen ſo wohl als der andern. Welche Munterkeit, welches Salz, welcher ächte comiſche Geſchmack herrſcht beym Regnard! Welche Verſification! Er iſt der Racine der Comödie. Destouches iſt fein und edel; Dancourt reich, leicht und vortrefflich im Dialogiren; le Grand natürlich und ſehr angenehm; Dufresni lebhaft, munter, witzig. Dem la Chauſſee war es vorbehalten zum Lachen und Weinen zugleich zu bewegen.

Man nennt bisweilen die weinenden Comödien bürgerliche Trauerſpiele; aber dieß ſind zwey verſchiedene Gattungen, die man nicht mit einander verwechſeln darf. Die eine wird öfters von einigen verworfen, welche die andere billigen. Der Herr von Voltaire z. E. iſt in dem Falle. Er verwirft die Trauerſpiele, wo man gemeine Bürger an die Stelle der Könige oder anderer berühmter Männer ſetzt; wo man gemeinen Leuten eben das ernſthafte und erhabene Weſen beylegt, welches man in den ächten Tragödien antrifft.

Wenn

Wenn man mehr Staat auf die Erfindungen des englischen Schauplatzes machen könnte, so dürfte man vielleicht den Beyfall den der **Kaufmann von London**, und die **Oper der Bettler** gefunden, anführen. Aber unter uns giebt der *natürliche Sohn* keine gute Meynung vom bürgerlichen Trauerspiele. Wenn gleich dieses sonderbare Stück, das einige als ein neues Licht für denkende Köpfe ansehen, an einigen Orten stark, erhaben und pathetisch ist, so ist es doch an allen andern überaus frostig.

Der Verfasser schmeichelte sich, daß es die Comödianten aufführen würden; sie haben aber dem *Vater der Familie* den Vorzug gegeben. Der Beyfall hat über dieses Stück nichts entschieden. Die es im Lesen bewundert hatten, versprachen sich eine weit bessere Aufnahme davon. Die Critik hat sich diesen Umstand zu Nutze gemacht und den *Vater der Familie* noch schlechter gefunden, als den *natürlichen Sohn*. Eben der gebietende Ton, eben das frostige Geschwätze übertriebener Empfindungen.

Die Erfindung dieser beyden philosophischen Versuche verdient Beyfall, sie ist aber noch nicht gehörig ausgeführt worden. Es müssen sich große Meister an solche neue Erfindungen machen, wenn sie überall gebilligt werden sollen. Wenn der Herr von Voltaire sich auf die Seite des bürgerlichen Trauerspiels schlagen und eins verfertigen wollte, wie man ihn schon darum ersucht

sucht hat, so würden wir vielleicht eine Gattung von Schauspielen mehr haben, und zwar eine solche, mit der es dem Herrn Diderot so gar nicht hat gelingen wollen.

Ueber die Parodien.

Dieses sind Geißeln der Schriftsteller. Zwischen ihnen und den Parodisten ist eine Mauer, die sie auf ewig von einander trennt. Diese letztern sind die streifenden Partheyen im Reiche der Wissenschaften, die nur das Fehlerhafte und Lächerliche eines Schriftstellers aufsuchen, um damit groß zu thun, und das Publicum zu belustigen, so wie ihren Vortheil daraus zu ziehen. Ein alter griechischer Dichter, Namens Hipponax, der 540 Jahre vor Christi Geburt lebte, ist der Erfinder dieser Art Krieg zu führen.

Der Geist des Hipponax breitete sich auf mehrere seiner Landsleute aus, welche die Nation zu belustigen suchten. Und diese fand auch an dieser neuen Art des Zeitvertreibs Geschmack. Die dramatische Parodie der Griechen sahe der unsrigen ähnlich. Die Hegemons und Rhintons in Griechenland waren eben das, was unsere Füzeliers, Vades und Favards sind. Es kam zu Athen fast keine Tragödie heraus, die nicht lächerlich gemacht worden wäre. Die Lateiner haben sich auch in Parodien geübt; wir haben aber

aber von ihnen, so wie von den Griechen, nur Fragmente.

Der Geschmack an den Parodien und dem Burlesquen ist zu Anfange des vergangenen Jahrhunderts sehr unter uns Mode gewesen. Pelisson in seiner Geschichte der Academie sagt: „Wie viele „glaubten damals, daß man nur etwas wider die „Vernunft und alle Sinne sagen dürfte, um in „dieser Art sehr vernünftig zu schreiben. Ein ie„der hielt sich für fähig darzu; und beyde Ge„schlechte, von den Hofdamen und Hofcavallieren „an, bis auf die Kammerfrau und den Laquan, „gaben sich damit ab. Die Narrheit war so all„gemein, daß die Buchhändler nichts haben woll„ten, als was in diesem Tone geschrieben war.„

Dieser Geschmack fiel zwar ums Jahr 1660; man hat ihn aber seit der Zeit wieder hervor gesucht; man hat ihn ausgeputzt, und einer Nation würdig gemacht, deren Genie dem Genie der Griechen so ähnlich ist. Vielleicht haben wir sie gar in der Art übertroffen, wozu sie uns die Anlage gegeben. Welche feine Critik in unsern Parodien! Eine ungezwungene Einfalt, eine anständige Lustigkeit, eine reine und edle Sprache, so viel es die Materie erlaubt, sind die Hauptzüge derselben.

Ich rede von den besten die wir haben, und die immer auf dem Schauplatze geblieben sind. Die satyrischen, schmutzigen, niedrigen und abgeschmackten, die noch alle Tage gemacht werden,

ver-

verachtet man billig. Nichts ist ekelhafter als ein ungeschickter Lustigmacher.

Es kommt bey einer Parodie darauf an, daß man den wahren Sinn eines Stücks insgemein auf etwas boshaftes, ironisches oder lächerliches verkehrt. Ich sage insgemein, weil eine Parodie auch unschuldig seyn kann. Es heißt parodiren, wenn man von einem bekannten Dichter etwan einen oder zwey Verse copirt, darinne wenig oder nichts ändert, sie aber so braucht, daß ein ganz anderer Verstand heraus kommt. Eine Menge guter und schlechter Verse, die zu Sprichwörtern geworden sind, und die man bey tausend Gelegenheiten anbringt, sind eben so viel glückliche Parodien. Boileau hat selbst einige gemacht, und darinne die Härte des Chapelain nachgeahmt.

Die beträchtlichsten, und die vielleicht allein den Namen der Parodien verdienen, sind diejenigen, welche durch einige veränderte Ausdrücke den Sinn eines ganzen Gedichts ändern; oder diejenigen, in einem erhabenen Geschmack geschriebenen Gedichte, über Gegenstände, die nichts weniger als erhaben sind. Die Batrachomyomachie, oder der Streit der Ratten und der Frösche, ist ein Beyspiel von der Art. Wir haben noch ein anderes an dem Pulte des Boileau, und am Cartouche.

Der Virgil des Scarron, und die Henriode vom Montbron sind keine Parodien, sondern Verkleidungen (travestissemens,) weil sie den Inhalt beybehalten haben. In der Verkleidung

dung verändert man die edle und erhabene Sprache des Autors in eine niedrige und scherzhafte. Die Parodie aber verlangt nicht daß man niedrig schreibe. Man kann vollkommen im Tone des Heldengedichts reden, und bey demselben bleiben. Je weniger sie ins Niedrige fällt, um so viel fürchterlicher ist sie den berühmtesten Schriftstellern. Sie haben daher auch alles gethan, um sie verächtlich und verhaßt zu machen.

La Mothe hielt die Parodie für das größte Hinderniß der Sitten, des guten Geschmacks, des Wachsthums der Wissenschaften, und des Ruhms gelehrter Leute. Nachdem er in seiner bekannten Abhandlung über die Parodie erst überhaupt auf dieselbe geschimpft hatte, so kommt er endlich auf die besondern Ursachen, weßwegen er sie verwirft. „Ihr habt ein Trauerspiel bewundert, sagt er; ihr „habt geweint: aber glaubt nicht, daß euch daß„selbe noch einmal rühren werde, nachdem ihr die „Parodie davon gesehen habt. Ihr werdet keine „schönen Stellen mehr darinne finden; das ganze „Stück wird von euch nach einem witzigen Ein„falle beurtheilt werden; die Tugend wird euch „unter der Masque eines Pedanten oder eines „Heuchlers vorgestellt worden seyn, weil es als„dann um so viel leichter war sie lächerlich zu ma„chen, und stets hat das Erhabene, die großen Ge„danken in einer Tragödie das Unglück am mei„sten angegriffen zu werden. Muß man nicht „ein Narr seyn, werdet ihr alsdann sagen, wenn „man Tragödien schreibt, und sollten sich die Poe-
„ten

„ten nicht, aus Furcht vor den Parodien, davon
„abhalten laſſen? Iſt es nicht genung, daß ein
„Dichter, bey aller angewandten Mühe, dennoch
„fürchten muß, daß ſein Stück keinen Beyfall
„finden werde, und man ſetzt ſich auch noch den
„Spöttereyen des Theaters aus, und beluſtigt das
„Publicum auf ſeine Unkoſten?„

Es iſt zu merken, daß La Mothe dieſe Abhandlung ſchrieb, als man eine Parodie auf ſeinen **Ines de Caſtro** gemacht hatte. **Agnes de Chaillot** iſt eine von den beſten Parodien, die ie ſind gemacht worden. Sie betreffen ſonſt nur einige Nebenumſtände, aber dieſe iſt über das Ganze. Die italieniſche Bühne ſtellt dieſes Stück noch öfters mit Beyfall vor. La Mothe war bey der erſten Vorſtellung ſelbſt zugegen, und lachte herzlich darüber. Unterdeſſen war doch die Critik über ſeine Verſe und die Entwickelung des Stücks zu ſehr übertrieben. Die Freude, die er dabey bezeugte, war vielleicht nicht ſein Ernſt; unterdeſſen nahm man ſie dafür an, und parodirte auch ſeine Fabeln. Man antwortete auch auf ſeine **Abhandlung über die Parodien**, und rieth ihm, künftig einiger mit ſich ſelbſt zu ſeyn, und nicht in Schriften dasjenige zu verwerfen, was er ſelbſt mit Vergnügen anſähe.

Füzelier, der ſehr viel fürs Theater gearbeitet hat, war der Verfaſſer dieſer Widerlegung. Er läugnete gegen den La Mothe, daß eine luſtige Parodie die Wirkung des Tragiſchen hindere; daß dadurch die guten und ſchlechten Stellen eines Stücks

Stücks vermengt, und nach dem Urtheile des Harlequins entschieden würden; daß sie die wahre Tugend zum Gespötte mache, weil sie nur die eingebildete und romanenhafte Tugend lächerlich zu machen suchte.

Wenn auch, fährt er fort, die Zahl der tragischen Dichter dadurch vermindert werden sollte, so ist es doch kein großes Uebel, weil wir deren ohnedem zu viel haben. Die großen Acteurs, die etwan darinne angegriffen werden, haben sich um so viel weniger zu beschweren, da es nichts unbilliges ist, daß diejenigen, die alle Tage andere lächerlich machen, auch einmal lächerlich gemacht werden.

La Mothe hatte gesagt, daß die Parodie die Eigenliebe beleidige, welches der einzige Bewegungsgrund eines Schriftstellers sey. Sein Gegner räumt ihm ein, daß er vielleicht keine andern als so kleine Absichten könne gehabt haben; aber er will den Schluß nicht auf alle gemacht wissen, da viele von ihnen einen weit wichtigern Endzweck, die Menschen zu unterrichten und zu bessern, dem Könige und dem Vaterlande zu dienen, können gehabt haben. Er hat hier nichts mit der Ursache zu thun, weßwegen Scarron sein **Marquisat Quinet** rühmte, und der Abt Vertot ein Werk nach dem andern schrieb, ehe er noch ein Mann von Vermögen war.

Man darf nur, setzt Füzelier hinzu, wenn man sich fürchtet parodirt zu werden, nichts machen, das darzu Gelegenheit giebt. Athalia, dieses

dieses Meisterstück des Theaters, ist nie parodirt worden, und wird es auch nie werden, weil alles darinne der Natur und der Vernunft gemäß ist. Hieraus zieht er nun den Schluß, daß la Mothe nicht die Parodien, sondern seine Werke tadeln solle.

Der Herr von Voltaire hat sich auch über die Parodien beschwert. Er rechnet sie unter die größten Verdrüßlichkeiten, denen ein Gelehrter ausgesetzt ist. Seine besten Stücke sind parodirt worden: seine Zaire, Alzire, Merope, seine Chinesische Wayse. Würden sie dieses Schicksal gehabt haben, wenn es wahr wäre, daß die guten Schriften ihren Verfassern völlige Sicherheit verschafften?

Je mehr Tragödien zum Vorschein kommen, desto reicher ist die Erndte für die italienischen Comödianten. Man hat ihrem Schauplatze einen schlechten Geschmack und Verläumdungssucht vorgeworfen; sie berufen sich aber auf das Urtheil des Publicums, und auf die gute Critik, die sie bisweilen von einem neuen Stücke machen, von welchem man sich verführen ließ. Bey dem Schlusse des Schauplatzes im Jahr 1735 sagte einer von ihnen folgendes her: „Ein allzu großer „Beyfall macht zu stolz; man muß ihn daher ein„zuschränken suchen. Es beredet sich sonst ein „Autor leicht, daß er den höchsten Gipfel der Voll„kommenheit erstiegen habe. Die Critik ist da„her nöthig, damit er dem Publico die übertrie„benen Complimente ersetze, die man ihm bis dahin

„gemacht, wo der Druck seines Werks zeigt, wie
„viel es werth sey."

Der Abt Sallier bildet sich ein, daß sie dieses
vollkommen leisten. In seiner Dissertation
über den Ursprung und den Caracter der
Parodie versichert er, daß sie in ihren Händen
eine Fackel sey, womit die Fehler eines Schriftstellers beleuchtet würden, der sich den Beyfall er-
schlichen hatte. Die kleine Jphigenia, eine
Parodie der großen, ist ein Beweiß davon.
Diese sinnreiche Critik hat die vorige Verblendung vertrieben, und den wahren Werth des
Stücks festgesetzt.

Die Feinde der Parodie greifen sie noch auf
einer andern Seite an. Sie setzen sie in die
Classe der Kleinigkeiten, so nützlich sie auch seyn
mag. Aber diese Kleinigkeit hat, wie alle andere
Arten, ihre Grundsätze, ihre Regeln, ihre Schwierigkeiten, ihre Klippen, ihre Annehmlichkeiten und
Schönheiten. Man kann nicht, ohne Genie zu
besitzen, eine Intrigue ganz verändern; andere
Personen nehmen; zu einer großen Handlung eine
ähnliche aus dem gemeinen Leben finden; fehlerhafte und lächerliche Umstände bemerken; comische
und den Zuschauern gefällige Situationen herbey
ziehen; Leute vom Geschmack vergnügen, wenn
man das, was ein Held oder ein König sagt, in
den Mund eines Bürgers oder Handwerkers legt;
gewisse Züge übertreiben oder schwächen; und endlich die größte Simplicität an die Stelle des erhabenen

habenen Tragischen setzen. Manche Scene der italienischen Comödie kostet eben so viel, und hat fast eben die Schönheiten, als manche andere sehr gerühmte des französischen Theaters.

Ueber die Schauspiele.

Man hat zu allen Zeiten darüber gestritten, ob die Schauspiele ihrer Natur nach gut oder böse sind, und man kann die widersprechenden Mennungen am besten aus dem bekannten Briefe des P. Caffaro, eines Theatiners, kennen lernen. Dieser Brief ist an den Dichter Boursault, der sich Scrupel im Gewissen machte, daß er vors Theater gearbeitet hatte, und der diesen Ordensgeistlichen deßwegen zu Rathe zog.

Man weiß daß Racine eben diese Scrupel hatte, und daß, nachdem er sich blos auf biblische Tragödien eingeschränkt hatte, er endlich das Theater gar verließ, und sich ins Portroyal begab, um da den vermeynten Mißbrauch seines Talents mit seinen Thränen zu büßen. Eben so sehr reuete es auch den Quinault, daß er sein Talent nicht anders angewandt hätte, ob er sich gleich einen großen Ruhm erworben hatte. Wenn diese beyden witzigen und gewissenhaften Dichter einen solchen Casuisten, wie den P. Caffaro, gefragt hätten, so würden sie das Theater wohl nie verlassen haben.

Dieser

Dieser Geistliche hat es in seinem Schreiben offenbar vertheidigt. Er hat das Herz sich über die Vorurtheile seines Standes zu erheben, und das frey heraus zu sagen, was er denkt. Er spricht in dem starken und nachdrücklichen Tone, den nur Leute haben, die von dem, was sie sagen, selbst überzeugt sind.

Er behauptet als einen Grundsatz, daß die Comödien an und vor sich, und ihrer Natur nach, wenn sich nicht gute oder böse Nebenumstände dabey befinden, unter die gleichgültigen Dinge zu rechnen wären. Die Beweise darzu sind aus den Kirchenvätern, aus der heil. Schrift, und aus der gesunden Vernunft hergenommen.

Der heil. Thomas von Aquino fand wie nützlich diese Kunst sey, da er nur ein schlechtes Gaukelspiel von elenden Narren vorstellen sah. Der heil. Franz von Sales war ebenfalls der Meynung, daß man Unrecht thäte, wenn man sie ohne Einschränkung verwürfe. Zu Mayland spielte man zur Zeit des heil. Carls Borromeo Comödien, ohne daß sich dieser würdige Erzbischof daran stieß; er gab vielmehr im Jahr 1583 eine öffentliche Erlaubniß darzu, doch unter der Bedingung, daß die Stücke vorher untersucht würden.

Die heil. Schrift ist dem P. Caffaro ebenfalls günstig. Tänze und Schauspiele werden öfters von ihr empfohlen. Sie rechnet es einigen ihrer heiligsten Männer zum Verdienst an, daß sie nach dem Schalle der Paucken getanzt haben. Wenn man die Comödien mit unter dem Fluche begreift,

begreift, die sie aufs Spielen, auf den Wein, die Tafel, den Putz, die Gemälde, die Schwelgerey legt, so überlegt man nicht, daß dieser Fluch nicht so wohl diese Dinge an sich selber, als vielmehr den Mißbrauch derselben trifft. Unser Theater ist grade das Gegentheil von dem Zotenhaften, in welches bisweilen die Römer verfielen. Valerius Maximus berichtet, daß einmal ein Stück von nackenden Frauenspersonen sey vorgestellt worden, wobey der schändliche Heliogabalus die Rolle der Venus machte, und an Unverschämtheit den geilsten Bock übertraf.

Der P. Caffaro kommt endlich auf die Gründe aus der Vernunft, und keiner von denen, die man wider die Schauspiele braucht, scheint ihm von einiger Wichtigkeit. Das Theater, sagt man, ist verboten, und verdient es ohne Zweifel. Es erregt die Leidenschaften, und bringt die Seele in Aufruhr; die Comödianten sind Leute von schlechter Lebensart, und deßwegen infam.

Die Comödie ist verboten: Aber, antwortet der Theatiner, man führt hier etwas zum Beweise an, was erst untersucht werden muß. Die Comödie ist nicht an sich selbst verboten, und kann es auch nicht seyn. Man verbietet gewisse Dinge nur, weil sie schlecht sind; die Dinge sind aber nicht schlecht, weil sie verboten sind.

Die Absicht der Comödie ist, wie man sagt, die Erregung der Leidenschaften: thut sie dieses wirklich? fragt der P. Caffaro; sind diejenigen,

gel. Streit. II. Th.   X   wel-

welche in die Comödie gehen, bösere Menschen, als die, die nicht hinein gehen? Er hat vielmehr im Beichtstuhle gefunden, daß die Armen, die nicht in die Comödie kommen, dem Zorne, der Rachgier, der Eitelkeit und dem liederlichen Leben deßwegen nicht weniger ergeben sind. Und wenn auch einiger Mißbrauch damit vorgeht, so sind ja die besten und unschuldigsten Dinge ebenfalls demselben unterworfen. „Muß man, sagt der weise „Lycurgus, alle Weinstöcke ausrotten, weil es Leute „giebt, die sich im Weine betrinken?„

Die Comödianten sind infam. Aber wie viel Könige, Fürsten, obrigkeitliche Personen, Priester und Ordensgeistliche, die dergleichen gespielt haben, oder noch spielen, müßten es ebenfalls seyn? Weßwegen läßt man denn in den Schulen Comödien von jungen Leuten vorstellen? Zu Rom haben gewisse Nonnen einmal den George Dandin vor einer ansehnlichen Versammlung, und mit vielem Beyfalle aufgeführt. Die Einwendung, daß es etwas anderes sey, wenn man es zum Vergnügen, und wenn man es, um seinen Unterhalt zu suchen, thut, sagt nichts: Denn wenn die Sache an sich selber böse ist, so muß sie es auch für alle seyn.

Die Comödianten sind in der That zu beklagen, daß ihnen in einigen unserer Gesetze, und in einigen Schlüssen der Concilien sehr hart begegnet wird. Sollten Leute, die vom Könige gehalten wer-

werden, die zum Vergnügen, zum Unterricht, zur Ehre der Nation sind, und den Ueberfluß der Reichen mit unter die Armen, bringen helfen, geringer geachtet werden, als andere?

Würde man die Schauspiele an den Ecken der Straßen anschlagen dürfen, wenn sie so gefährlich wären, als man meynt? Billigen nicht vielmehr Prinzen, Obrigkeiten, Bischöffe dieselben, da sie darzu schweigen oder selbst Zuschauer dabey abgeben?

Der P. Caffaro hält also die Schauspiele für sehr erlaubt, und verlangt nur, daß man dabey auf drey Stücke Achtung geben solle: auf die Zeit, auf den Ort, und auf die Personen. Auf die Zeit, daß man nicht das ganze Jahr hindurch, oder zu einer unbequemen Stunde spiele, so daß man in die Comödie gienge, wenn man den Gottesdienst abwarten sollte. Auf den Ort, damit nicht die Kirchen zu Schauplätzen gemacht werden, wie es in einigen Klöstern geschieht. Auf die Personen, indem Leute, die in wichtigen Aemtern stehen, nicht alle Tage die Schauspiele besuchen sollen.

Die Fremden, die nach Paris kommen, wundern sich, daß sie in der Comödie und in der Oper geistliche Personen antreffen; in Londen sehen sie dergleichen niemals. Dagegen lassen sich diese öfters daselbst in den Wirthshäusern finden, wo sie Bier, Punsch und Brandtewein trinken, oder auch wohl den Gästen etwas auf der Geige vorspielen.

Der P. Caffaro schließt sein Schreiben mit den Worten: „Andere als Sie werden mir es „zum Verbrechen machen, daß ich der gelindesten „Meynung gefolgt bin, und werden mich einen „leichtsinnigen Casuisten nennen, zumal da es iezt „Mode ist eine strenge Moral zu predigen, aber „nicht darnach zu thun. Ich versichere Sie aber, „mein Herr, daß ich weder auf Gelindigkeit, „noch Strenge, sondern blos auf die Wahrheit „gesehen habe."

Ein Geistlicher, der das Theater von seinem ehemaligen Schimpfe zu befreyen suchte, konnte die Gewissen leicht beruhigen, wenn der P. des Oratorii, le Brün, sie nicht aufs neue beunruhigt hätte.

Er widerlegte den P: Caffaro, nannte ihn einen falschen Bruder, Lästerer, Verräther gegen Gott und Menschen, als die er den Weg des Verderbens führe. Es fehlt aber diesem Schriftsteller gar sehr an Genauigkeit und Einsicht. Er beurtheilt die iezige Comödie blos nach den Possenspielen, die ehmals unter den heidnischen Kaysern gespielt worden, und auf welche die Kirchenväter so oft den Bannstrahl schießen ließen. In Vergleichung der ältern Comödie mit der neuern, findet er so gar den Nachtheil auf der Seite der leztern. Plautus, Terenz, Aristophanes scheinen ihm weit sittsamer als unsere Comödienschreiber.

Er

Er schwatzt beständig von der Strenge der Reichsgesetze. Aber ließ nicht der Kayser Justinianus von dieser Strenge nach? Erlaubte er nicht den Comödianten in die ehrbarsten Familien zu heirathen? Und sind nicht diese Gesetze durch das Mandat Ludewigs XIII vom 16 April 1641, gewissermaßen aufgehoben?

Als der Herr von Voltaire die Schrift des le Brün zu Gesichte bekam, sagte er: „Unsere „Enkel werden einst fragen, wie es möglich gewe= „sen, daß die Franzosen sich so haben widerspre= „chen, und die thörichste Barbarey so stolz ihr „Haupt wider die schönsten Früchte des menschli= „chen Geistes empor heben können?„

Dennoch blieb der P. le Brün Meister vom Kampfplatze. Der Erzbischof zu Paris, Noailles, verlangte vom P. Caffaro einen förmlichen Widerruf.

Der Prinz von Conti griff ebenfalls die Schauspiele an. Er untersuchte diese Materie, als ein Theologe, und die beyden Ordensgeistliche hatten als Gelehrte davon geschrieben. Ich würde nicht von ihnen gesprochen haben, wenn sie anders verfahren wären. Die Theologie ist nicht mein Werk. Ich überlasse es einem Bossüet, einem Fenelon, daß sie durch die Schwere ihrer Waffen, und das Gewicht ihrer erzbischöfli= chen Gewalt alle Trugschlüsse, welche die Schau= spiele begünstigen, zu Boden drücken. Wir wol= len in der Sache selbst weiter gehen.

Ein gewisser Abt legte die Gründe schriftlich an den Tag, warum er die Schauspiele verachtete, und suchte sie dadurch bey andern verhaßt zu machen. Diese Gründe aber waren so lächerlich, daß man von ihm in einem Sinngedichte sagte: „er habe in einer Schrift die Comödie verworfen, „wozu er selbst eine treffliche Materie seyn „würde."

Riccoboni hat von seiner Kunst noch weniger gehalten, als la Mothe von den Versen. Ein Comödienschreiber, ein Acteur scheint ihm ein abscheulicher Mensch zu seyn. Er billigt nichts, als die Schulcomödien. „Diese sind es nicht, sagt „er, die ich verbessert wissen will, sondern man „sollte nach ihrem Muster alle andern verbessern." An einem andern Orte spricht er: „Ich betheuere, „daß ich seit funfzig Jahren her, da ich zum er„stenmal aufs Theater stieg, dasselbe stets von der „schlimmen Seite angesehen, und stets Ge„legenheit gesucht habe, dasselbe wieder zu ver„lassen."

Der P. Porée meynt, daß die Schauspiele zwar wohl eine Schule der Tugend seyn könnten, daß sie aber durch unser Verschulden nur eine Schule des Lasters wären.

Der Verfasser der Dido erklärt sich zwar für das Theater, aber für ein noch sittsameres, als das unsrige. Besonders sind ihm die Comödien anstößig. Dancourt, le Grand, Regnard, Moliere selbst sind ihm bisweilen zu frey und gar schmuzig.

dramatische Poesie.

ßig. Er wünscht, daß alle alten und neuen Stücke nochmals untersucht, und alles weggestrichen werden möchte, was zweydeutig ist, oder die Schamhaftigkeit auf einige Weise beleidigen kann. Der Verfasser des Boshaften und des Sidney meynt, daß dadurch die Schauspiele nicht besser werden würden, und sein Eifer wider dieselben hat vielen mehr von einem gewissen Stolze, als von Gewissensbissen herzurühren geschienen. Es wäre besser gewesen zu schweigen, als sich mit so viel Geschrey vom Theater loszusagen.

Der Herr von Voltaire hat sich auf die Frage selbst nicht recht eingelassen, sondern nur das Historische derselben berührt. Er hat gezeigt, wie widersprechend wir in Ansehung der Comödien und der Comödianten verfahren. In Frankreich sind sie alle im Banne, und werden nicht mit christlichen Gebräuchen begraben, wenn sie nicht vor ihrem Tode die Profession verlassen haben. In Rom ist es nicht einmal so arg. Bey uns werden Alexander, Cäsar, Brutus, Athalia, Zaire und Arlequin verworfen, und die Maler und Bildhauer gebuldet: Beleidiget die nackende Venus des Titian oder des Correggio unsere schamhafte Jugend weniger, als die Vorstellungen unserer Schauspieler? Man verfährt mit ihnen wie ehemals mit den vermeynten Hexen und Zauberern, wobey Könige und Kayser nicht geschont wurden.

Der Herr von Voltaire setzt weiter hinzu, daß die Nation dieses Lächerliche nicht haben, und das Theater sich aus seinem ehemaligen Schimpfe würde heraus gerissen haben, wenn nicht die Calvinisten und Jansenisten so heftig dawider geschrien hätten. In manchem protestantischen Städtchen in der Schweiß hat sich in hundert und funfzig Jahren keine Violin dürfen hören lassen. Die Catholicken haben dagegen die Schauspiele beständig geliebt. Wie viel Geistliche unter ihnen haben selbst Comödien verfertigt? Leo X ist der Wiederhersteller der guten Comödie in Europa. Richelieu hat einen Schauplatz im königlichen Pallaste bauen lassen. Mazarin hatte eben den Geschmack. Auf dem Hoftheater war eine eigene Bank, welche die Bischofsbank hieß. Dem Cardinal Fleuri, da er noch Bischof war, lag man sehr an, daß er diese Gewohnheit wieder einführen sollte.

Im Jahr 1756 hat ein gewisser Advocat wider die Schauspiele geschrieben: „Man gehe, sagt „er, nicht so wohl eines schönen Stücks wegen „in die Comödie, als vielmehr die artigen Comö„diantinnen zu sehen; man stürzt sich nothwen„dig ins Unglück, wenn man sich in eine dieser „Schönheiten verliebt, indem nicht alle die ersten „Favoriten des Mars oder Plutus seyn können; „man gewöhnt sich zum Müßiggange und zur Un„verschämtheit; die Männer werden entweder „Sybariten oder Bösewichter, und die Weiber

„nen-

„entweder Galanterieschwestern oder Mägären.
„Man duldet die Schauspiele in einem wohl ein-
„gerichteten Staate nur, wie man die liederlichen
„Häuser duldet; die unverschämtesten finden im-
„mer den meisten Beyfall, und daher geben so
„viele der italienischen Comödie, oder der comi-
„schen Oper, den Vorzug vor der französischen
„Comödie; man hätte diese Schauplätze nicht nö-
„thig, da die Welt selbst ein großer Schauplatz
„ist, auf welchem es an allerhand Originalen nicht
„fehlt; gute Gesetze a) nutzen allemal mehr, als
„die bösen Beyspiele einiger Geistlichen schaden;
„selbst wenige von denen, die oft in die Comödie
„gehen, werden sie billigen; sie schmeichelt den
„Leidenschaften, anstatt sie zu unterdrücken.„
Welche Beredsamkeit für einen Advocaten! Sein
Eifer aber ist löblich. Die große Mühe, die
sich einer von seinen Mitbrüdern zur Vertheidigung der Comödie und der Comödianten, auf
Bitten der Mademoiselle Clai . . . wie man
sagt, gegeben, ist mit der äußersten Strenge bestraft worden. Diese Uebereinstimmung der
Obrigkeiten mit verschiedenen Casuisten, kann zu
sehr ernsthaftem Nachdenken Anlaß geben. Man
siehet daraus, daß die Gesetze in Frankreich den
Comödianten eben so wenig günstig sind, als die
Religion.

Wir wollen aber alle diese Streitschriften
bey Seite legen, und uns an eine einzige Stelle
hal-

─────────
a) Canone regitur ecclesia, non exemplo.

halten, die überall mit dem Stempel des Genies ihres Verfassers bezeichnet ist. Der Lobredner der Unwissenheit und der Wilden konnte leicht der Tadler der Schule der Artigkeit und des Geschmacks werden.

Der Herr d'Alembert that den Bürgern zu Genf den Vorschlag, daß sie ein Comödienhaus in ihrer Stadt bauen sollten. „Das ist, „sagt Rousseau darauf, der gefährlichste Rath, „den man geben kann; wenigstens halte ich ihn „dafür, und meine Ursachen sind in dieser Schrift „enthalten."

Ob diese Ursachen gleich nur die Verfassung der Stadt Genf zu betreffen scheinen, so sind sie doch sehr oft allgemein vorgetragen. Er will bisweilen mit der Sprache nicht recht heraus, und man sieht wohl, daß er im Grunde die Schauplätze nirgends vertragen kann.

Er macht sich zuerst über das Trauerspiel, und spottet über das Mitleiden und Schrecken, welches dasselbe erregen soll. Es scheint ihm unbegreiflich, daß man die Leidenschaften reinigen könne, indem man sie rege macht. „Muß man, um „mäßig und vorsichtig zu seyn, anfangen thöricht „und ein Narr zu werden?"

Die Leidenschaften scheinen ihm so gar durch die Tragödie noch mehr Stärke zu bekommen als die Tugend selbst; die größten Bösewichter, sagt er, spielen auf dem Theater die schönste Rolle; die Mahomets verdunkeln die Zopiren,
und

und die Catilina die Ciceronen; dergleichen Caractere dienen nur neue Originale zu beleben. Dieß sind seine Gedanken von den Tragödien, selbst von denen, in welchen das Laster bestraft wird. Ich finde ihn darinne mit dem La Mothe übereinstimmig. „So stark, sagt dieser, die „Lection auch seyn mag, womit das Stück be„schlossen wird, so ist sie doch zu schwach, oder „kömmt zu spät.„

Man hat dem Rousseau geantwortet, und ihm gezeigt, daß die schrecklichen Folgen einer Leidenschaft, wenn sie auf dem Theater vorgestellt werden, gar wohl zu einem Heilungsmittel wider diese Leidenschaft dienen. „Zu Sparta ließ „man der Jugend besoffene Sclaven sehen, um „sie vor den Ausschweifungen im Trunke zu be„wahren. Der schändliche Zustand dieser Scla„ven brachte die Kinder entweder in Furcht oder „zum Mitleiden, und diese Leidenschaften waren „ein Präservatif gegen das Laster, das der Grund „davon war.„

Der Bürger von Genf beruft sich noch auf das Zeugniß der Zuschauer, und sagt, daß sie mit ihm übereinstimmen würden, wenn sie am Ende einer Tragödie ihr Herz befragen wollten. Die Marquise von Lambert ist eben der Mey„nung: „Man bekömmt auf dem Schauplatze „große Ermahnungen zur Tugend, und man geht „mit Eindrücken des Lasters weg. Manche Frau
„ist

„ist als eine Penelope hingekommen, und als eine
„Helena weggegangen.„ a)

Rousseau hat aber damit nicht mehr gewonnen, als mit seinen übrigen Argumenten. Man hat ihm geantwortet, daß er nicht von einigen einzelnen Fällen den Schluß auf alle machen müsse.

Das was er gegen die Comödien sagt, ist nicht überzeugender. Die comischen Dichter sollen, nach seiner Meynung, nur immer ein gutes und unschuldiges Herz lächerlich machen, und junge Leute mit ehrlichen Alten ein Gespötte treiben lassen; Betrug, Lügen und Hinterlist wird von ihnen auf eine einnehmende Art vorgestellt; sie schwatzen immer von Ehre, und die Handlung läuft doch auf Laster hinaus; die listigste Rolle erhält immer den meisten Beyfall, und selten die würdigste. Regnard fällt noch mehr in diesen Fehler als Moliere, bey welchem die Betrügereyen insgemein bestraft werden.

Auch hierinne widerspricht man dem Rousseau, und behauptet gegen ihn, daß die Comödie von vielen Fehlern und so gar von vielen Lastern abhalte. Man führt den bekannten Spruch an, „daß Moliere mehr Fehler am Hofe verbessert „habe als alle Prediger zusammen genommen.„

Rousseau hat die Profession der Comödianten ebenfalls nicht aus der Acht gelassen. Er sagt,

a) Penelope venit, abiit Helene.

sagt, daß sie verachtet wären, sie mögen im Banne seyn oder nicht, und daß selbst zu Paris, wo sie noch mehr Aufsehen machen, als anderwärts, es kein gemeiner Bürger wagen würde mit ihnen umzugehen, die man doch alle Tage mit großen Herren speisen sieht.

Die le Coudreur, die am Ufer der Seine begraben liegt, so wie die L'Olsids zu Westmünster an der Seite des Newtons und der Könige, macht gegen diese einen sehr sonderbaren Contrast, und man kann das Genie beyder Nationen daraus beurtheilen. Wer die Engeländer kennt, sagt Rousseau, der findet nichts außerordentliches darinne. Sie haben in ihrer Actrice das Talent, nicht aber die Profeßion ehren wollen. Die mittelmäßigen und schlechten werden dagegen in London noch mehr verachtet, als anderwärts. Der Abriß, den er von den Comödianten und Comödiantinnen macht, würde sie sehr beschämen, wenn sie wirklich so wären. Er malt sie als Müßiggänger, als Wollüstlinge, als aufgeblasene, betrügerische und neidische Personen. Er begegnet ihnen nicht besser als denen, die Tag und Nacht auf den Caffeehäusern liegen, welche Oerter er die Zuflucht der Müßiggänger und der Landstreicher nennt.

Man erstaunte, daß der Herr d'Alembert auf die beredte Satyre nicht antwortete, zu welcher er Gelegenheit gegeben hatte; endlich aber brach er das Stillschweigen, und vertheidigte seine

Mey-

Meynung. Wenn man auf dem Schauplatze, sagt er, bisweilen Mitleid gegen Bösewichter hat erregen wollen, so ist dieses ein Fehler des Poeten und nicht der Poesie. Es giebt wenig Tragödien, worinne man nicht Unterricht fände: selbst *Berenice* lehrt uns die heftigste Leidenschaft besiegen. Man wird die Liebe zu dem erlaubtesten Endzwecke leiten, wenn man in großen Beyspielen zeigt, wie schädlich ihre Ausschweifungen und ihre Schwachheiten sind.

Die Comödie hat eben den Vortheil. Das Theater des Moliere ist, einige Stücke ausgenommen, das Gesetzbuch der Ehrbarkeit und der guten Sitten. Was für ein Prediger ist der **Menschenfeind**! Es ist lächerlich zu glauben, daß die Bedienten die Geschicklichkeit in den Häusern und auf den Gassen zu stehlen, auf dem Theater erlernen. Die Comödiantinnen sind nicht die sittsamsten Personen: man halte aber nur ihren Stand mehr in Ehren, so werden sie schon besser zu leben anfangen.

Der Herr d'Alembert wiederholt den Vorschlag, daß die Genfer ein Theater haben sollen. Er will ihnen dafür stehen, daß die Einführung desselben weder der Regierungsform ihrer Stadt, noch der Unschuld ihrer Sitten schaden werde. „Sie sind schon fähig, oder wenn man lieber „will, verderbt genung, um einen **Brutus,** „oder ein **gerettetes Rom** sich vorstellen zu lassen,

„sen, ohne daß sie besorgen dürfen davon schlimmer
„zu werden."

Welchem von beyden soll man nun glauben, dem Herrn d'Alembert, oder einem Bürger, der sein Vaterland vor dem Verderben zu warnen glaubt? Die Genfer scheinen indeß die Sache schon entschieden zu haben. Sie wissen ihrem Demosthenes sehr wenig Dank für seinen Eifer; sie beschweren sich, daß er sie so schlecht, nur nach den Sitten des Pöbels, abmalt. Alle unter ihnen, die zu leben wissen, lassen den Pöbel sich betrinken und Taback rauchen; sie gehen indeß in die Comödie.

Die Calvinisten treten ihnen bey, und halten es für Barbarey, wenn man unschuldige durch das Theater erregte Thränen, aus einer Republik verbannen will. Ja, tugendhafter Roussseau! wenn die Schauspiele strafbar sind, wenn sie die Vorläufer des Verfalls kleiner Staaten sind, so ist es um dein Vaterland geschehen; man kann aus sehr vielen Merkmalen schließen, daß dasselbe ein Theater bey sich einführen wird.

Ueber die Declamation.

Die Declamation ist die Kunst, mit welcher eine Rede auf der Kanzel, vor Gericht, auf dem Theater gehalten wird; desgleichen wie man ein Buch mit lauter Stimme lesen soll. Man mag die Declamation betrachten von welcher Seite man will, so ist über sie gestritten worden.

Declamation des Theaters.

Die theatralische Declamation, der Alten so wohl als der Neuern, hat Gelegenheit zum Streite gegeben.

Es ist in Ansehung der erstern verschiedenes untersucht worden; ich will mich aber nur bey den vornehmsten Stücken aufhalten, ob nemlich die Recitation und die Action getheilt, und die Declamation durch Noten angedeutet worden ist.

Eine Stelle beym Livius giebt zu verstehen, daß die theatralische Action bisweilen unter zween Acteurs vertheilet worden, so daß einer recitirte, und der andere die Bewegungen darzu machte. Er erzählt, daß, als Livius Andronicus, der nach der damaligen Gewohnheit seine Stücke selbst spielte, einst heisch geworden sey, da er eine gewisse

Scene

Scene etliche mal wiederholen mußte, er die Erlaubniß erhalten habe, einen andern die Worte singen zu lassen, wozu er nur die Bewegungen machte.

Die Möglichkeit dieser Theilung der Declamation zwischen zween Acteurs, wird von verschiedenen Schriftstellern bestritten, unter andern vom Dùclos. Sie glauben lieber, daß man die Stelle beym Livius nicht recht verstanden habe, als daß sie die Römer für fähig halten sollten, sich an einem so lächerlichen und den Marionetten ähnlichen Schauspiele zu belustigen.

Dùclos glaubt den Livius besser verstanden zu haben. Es ist bey ihm, sagt er, von der Trennung des Gesanges und des Tanzes, und nicht des Gesanges und der Bewegungen die Rede.

Die Schwierigkeit des Textes liegt in dem Worte canticum, welches einer anders als der andere erklärt. Das Canticum bestand aus Gesängen und Tänzen. Andronicus, der anfänglich sein Canticum oder seine Cantate selbst absang, und entweder zugleich, oder zwischen derselben tanzte, trug einem andern auf zu singen, da seine Stimme heisch geworden war, und tanzte um so viel freyer und schöner. Daher kommt die Gewohnheit, den Gesang und den Tanz unter verschiedene Acteurs zu vertheilen.

Einige Stellen des Valerius Maximus und des Lucianus sind dem Dùclos günstig. Man muß gestehen, daß seine Erklärung die natürlichste ist, wenn sie auch nicht die wahre seyn sollte.

Wir wollen nun zu der durch Noten angedeuteten Declamation fortgehen. Einige Schriftsteller können sich gar keinen Begriff davon machen. Die Rede kann durch Worte, der Gesang durch Noten vorgestellt werden, sagen sie: aber die ausdrückende Declamation der Seele kann nicht eben so vorgebildet werden. Wie soll man die Töne, die unmerklichen und unzähligen Veränderungen der Empfindung, die schnellen Abwechselungen der Leidenschaften, und alle ihre harmonische Verhältnisse durch Zeichen ausdrücken? Sie ziehen daher alles in Zweifel, was man von der Declamation der Griechen und Römer gesagt hat, und widersprechen dem Abt Dübos, der sie bewundert, und bey uns eingeführt wünscht.

Er sagt, daß er darüber Musicverständige zu Rathe gezogen, welche ihn versichert hätten, daß es sehr leicht sey die Beugungen der Stimme in der Declamation mit den Noten der Music anzudeuten; man dürfte ihnen nur die Hälfte des Werths geben, den sie in der Music haben, und es in Ansehung des Tacts eben so halten.

Duclos bestreitet so wohl die Meynung des Abts Dübos als dieser Musicverständigen. Er behauptet, daß, wenn auch die Alten bisweilen die Declamation durch Noten vorgeschrieben haben,

ben, es doch nur gewiſſer Acteurs wegen geſchehen ſey, die ihre Sprache ſchlecht redeten und einen falſchen Accent hatten. Dieſe wurden von gewiſſen Meiſtern in der guten Ausſprache, im Accente und in der Dauer deſſelben unterwieſen. Sie thaten, mit einem Worte, das, was wir thun müßten, wenn wir etwan einen aus der Normandie oder Provence zum Theater abrichten wollten, ſo geſchickt er auch ſonſt ſeyn möchte. Ein beſonderer Fall aber, ſetzt Dùclos hinzu, muß zu keiner allgemeinen Regel gemacht werden.

Er geht noch weiter, indem er die notirte Declamation für ſchädlich erklärt, weil ſie das Talent guter Acteurs erſticken, und mittelmäßige unausſtehlich machen würde. Rollin iſt ganz anderer Meynung; er rühmt die Declamation der Alten ſehr; und der Abt Vatri nennt ſie einen wahren muſicaliſchen Geſang, deſſen Verluſt er ſehr bedauert.

Die Declamation der franzöſiſchen Schauſpieler hat ebenfalls zu Streitigkeiten Anlaß gegeben. Riccoboni iſt ſehr wider ſie eingenommen; er will auf dem Theater nicht anders geſprochen haben, als man im gemeinen Leben ſpricht. „Es iſt ein Irrthum unſerer Vorfah„ren, ſagt er, daß ſie die Declamation, wie ſie „jetzt in Frankreich iſt, eingeführt haben. Das „große Kunſtſtück des Schauplatzes iſt, die Zu„ſchauer zu hintergehen, und ſie zu bereden, daß

„die Tragödie, die ihnen vorgestellt wird, keine
„Erdichtung ist, sondern daß es die Helden selbst
„sind, welche auftreten, und nicht Comödianten.
„Die tragische Declamation wirkt gerade das Ge-
„gentheil. Die ersten Worte, die man hört,
„verrathen gleich die Erdichtung, und die Acteurs
„reden in einem so ungewöhnlichen und unnatür-
„lichen Tone, daß man sich nicht leicht hinterge-
„hen läßt."

Man antwortete dem Riccoboni darauf, daß
die tragische Declamation gar nicht den Betrug
des Schauspiels verrathe; daß sich die Zuschauer
eben so daran gewöhnten, wie an den Reim, den
Gesang und den Tact unserer Opern; daß, dieses
voraus gesetzt, man eine Quelle des Vergnügens
mehr habe, wenn nur der Verfasser die Kühnheit
nicht zu weit treibt, und sich durch den erhabenen
Ton der Tragödie nicht zu weit von der Natur
entfernt.

Riccoboni giebt noch die theatralische Declamation zur Ursache der falschen Begriffe an, die
wir von den alten Helden haben. Wir wissen,
sagt er, daß Cäsar, Alexander, Hannibal, Menschen wie wir, und mit eben den Leidenschaften
und Fehlern behaftet waren; da wir aber von
Jugend auf durch das Uebertriebene der Declamation verführt werden, so nehmen wir diese Helden des Alterthums auf den Fuß, wie sie uns von
den Comödianten vorgestellt werden, für Menschen von einer ganz andern Natur. Man sieht
sie

Declamation. 341

sie ganz anders einher gehen, ganz anders reden, als wir, und eine ganz außerordentliche Standhaftigkeit haben. Er berichtet, daß sich zu Paris einige Leute dermaßen an eine solche Declamation stoßen, daß sie lieber gar nicht in die Schauspiele gehen, als etwas so Widersinnisches anhören wollen.

Der Abt Desfontaines ist dem Riccoboni Schritt für Schritt nachgegangen, und hat nicht eine einzige von seinen Ursachen gegründet befunden. Es haben sich auch noch andere Schriftsteller zu seiner Meynung bekannt.

Sie reden der gezwungenen Aussprache, den unnatürlichen und convulsiöischen Bewegungen nicht das Wort; sondern wollen alles mit der Würde der Tragödie übereinstimmend haben, so wie sie es an den Mustern unserer großen Acteurs finden, dergleichen Baron, Beaubourg und die le Couvreur waren. So natürlich auch alles bey ihnen war, so sind sie doch nie in den Ton des gemeinen Lebens verfallen. Sie haben stets das Edle und Majestätische des Theaters vor Augen gehabt.

Die Nachläßigkeit ist in Ansehung der Declamation eben so fehlerhaft, als die Emphasis. Man darf weder schreiben noch declamiren wie man redet. Im Umgange theilt man einander seine Begriffe in der Nähe mit; aber auf dem Theater muß man sich nach der Entfernung

nung richten, und den Ton so treffen, daß er natürlich ist, wenn er zum Ohre des Zuschauers kommt.

Man kann den Racine und Voltaire als Häupter der theatralischen Declamation ansehen. Racine wollte sie stets übertrieben haben, und die seinige war es in der That. Er sagte seine Verse mit einem erstaunlichen Feuer her. a) Die den Herrn von Voltaire kennen, wissen, mit wie viel Nachdruck und Begeisterung er spricht, und welches Feuer er bey andern erfodert.

Declamation der Kanzel.

Die Schriftsteller sind über diesen Punct mit einander nicht einig. Riccoboni wirft den Predigern vor, daß sie zu sehr die Comödianten nachahmen. Der Abt Desfontaines setzt hinzu, daß sie sich lächerlich gemacht, und ihren Zuhörern Aergerniß gegeben, da sie die theatralische Declamation auf die Kanzel hätten bringen wollen. Doch, fährt er fort, muß man den Fehler einiger unter ihnen nicht für allgemein ansehen. Nur Prediger vom ersten Range sind im Stande

Vor-

a) Anecdoten zweyter Theil p. 144. No. 31.

Vortheile aus den Schauspielen und der Declamation guter Comödianten zu ziehen; so wie der H. la Rüe, der sich unter den Augen des Baron übte.

Desfontaines kommt nun auf die Fehler, die man insgemein bey den Predigern antrifft: einen schülerhaften Ton; periodische und unzeitige Ausrufungen; eine lächerliche Heftigkeit in ganz gemeinen Dingen, da man doch in den stärksten Stellen eine edle Einfalt beobachten sollte; ein bäurisches Geschrey und ungeschickte Bewegungen; eine ekelhafte Monotonie u. s. w. „Nur „der Cörper, sagt er, ist es, der da predigt; das „Gedächtniß allein regiert die Zunge, die Augen „und Aerme; der Geist und das Herz scheinen „weit davon entfernt zu seyn. Man sieht be„sonders unter den Missionarien einige, die durch „einen allzu gemeinen Ton die Würde der Kan„zel beleidigen.„

Treffen diese Vorwürfe nicht die meisten unserer Prediger? Aber machen es die italienischen wohl besser? Sie dehnen, drehen und wenden sich, der Ton ihrer Stimme ist öfters so heulend, daß sie in der That fromme Comödien zu spielen scheinen. Die englischen Prediger sind so frostig in ihrer Declamation als trocken und didactisch in der Ausarbeitung. In den protestantischen Ländern würde man über einen heiligen Redner lachen, der mit dem Tone eines Comödianten auf die Kanzel träte.

Riccoboni verlangt, daß man eine Predigt, einen Panegyricus, eine Trauerrede auf ganz verschiedene Art halten müsse, und wundert sich, daß man keine öffentlichen Kanzeln hat, wo angehende Prediger im Declamiren unterrichtet werden, oder wo sie, so wie die Künstler und Handwerker, eine Probe von ihrer Geschicklichkeit ablegen können. Man hat ihm aber darauf geantwortet, daß sie eben so viel nützen würde, als wenn man eine hätte, den Geschmack der Music zu zeigen. Die Grundsätze aller Künste werden am besten aus dem fleißigen Studiren guter Muster erlernt.

Wir haben zwar keinen Bourdaloue, keinen la Rüe, keinen Massillon mehr; aber der Begriff, den wir uns noch von ihnen machen können, ist allemal ein sehr guter Unterricht. Ein jeder hatte seine eigene Art, die sich zum Orte, zur Zeit, zu den Umständen, für die Zuhörer, zur Materie und zum Vortrage derselben schickte.

Bourdaloue, der wenig Bewegung machte, und die Augen öfters zuthat, durchdrang alle Zuhörer durch einen einförmigen und starken Ton. La Rüe schien die Begeisterung eines Propheten zu haben; er war feurig, stark und erhaben. Einige alte Leute erinnern sich noch mit Schauern, mit welchem Nachdruck er die Worte aussprach, die an den Gott der Rache gerichtet sind: Ziehe dein Schwerdt aus. Auf den Massillon kann

kann man sich noch am leichtesten besinnen. „Wir sehen ihn noch, sagen seine Bewunderer, „auf unsern Kanzeln in seiner ungezwungenen „und bescheidenen Stellung, mit niedergeschlage- „nen Augen, mit wenigen Bewegungen, mit „seinem einnehmenden Tone, mit der Unerschro- „ckenheit eines Mannes, der selbst überzeugt ist, „der Licht in den Verstand, und die zärtlichsten „Regungen in das Herz streuet.„ Baron sagte einst zu einem seiner Cameraden: „Dieser nur „ist ein Redner, und wir sind nichts als Co- „möblanten.„

Ein junger Mensch, der sich zum Prediger bestimmt, muß sich in der Declamation nach die- sen großen Männern bilden; doch dabey die Feh- ler zu vermeiden suchen, die man ihnen vorge- worfen hat. Er kann auch dabey auf die noch lebenden Prediger Acht haben. Ein edler und ungekünstelter Ausdruck, eine anständige Mine, eine reine Aussprache, ein leichter, natürlicher und interessanter Vortrag sind die nöthigsten Eigen- schaften eines guten Predigers.

Declamation vor Gericht.

Eben diesem Riccoboni scheinen die Advocaten sich nur aufs Declamiren zu verstehen, die ihr Feuer zu mäßigen, und so ungezwungen zu reden wissen, als ein Mensch mit dem andern redet; nur sie treffen nach seiner Meynung den rechten natürlichen Ton.

Andere hingegen behaupteten wider den Riccoboni, daß man zwar vor Gerichte so redete, wie es die Sachen zu erfodern schienen; daß aber die Advocaten, da sie leicht und ungezwungen seyn wollten, sehr oft frostig, schwerfällig und monotonisch würden, und daß sie eine Rede eben so hielten, wie sie dieselbe läsen.

Riccoboni ergriff die Feder nochmals, um seine Meynung zu vertheidigen, daß man in den Tragödien und in den Predigten eben so declamiren sollte, wie die Advocaten vor Gericht. Dieser Streit würde weiter gegangen seyn, wenn man nicht demjenigen, der ihn erregt hatte, gerathen hätte, die Waffen nieder zu legen, und nicht länger Feinde zu beunruhigen, die in Streitschriften geübter waren, als er.

Ueber die Art zu lesen.

Dieser so nothwendige und nützliche Theil der Declamation ist unter allen am wenigsten untersucht worden. Die berühmtesten Rhetoren, so wohl alte als neuere, haben nicht satisam überlegt, wie wichtig er sey.

Außer einigen nicht viel bedeutenden Schriftstellern hat niemand über diese Materie gestritten. Es würde von keinem großen Nutzen seyn, wenn ich ihre widersprechenden Mennungen hier anführen wollte. Ich will daher nur einige ihrer Anmerkungen hier beybringen, und aus ihren Schriften dasjenige heraus nehmen, was einen vollkommenen Leser bilden kann.

Man muß mit Empfindung lesen, damit man die Zuhörer nicht in Gefahr setzt ein falsches Urtheil zu fällen, und dasjenige schlecht zu finden, was ihnen gefällt, wenn sie es selbst lesen.

Es ist nicht genung, daß man den Ton einer Frage, eines Ausrufs, der Klage, des Zorns, der Freude, der Zärtlichkeit u. s. w. überhaupt zu treffen wisse, sondern man muß auch mit den verschiedenen Modificationen, die alle Menschen leicht fühlen, aber selten finden, bekannt seyn. Es kommt dabey viel auf ein gutes Gefühl und Ge-

Geschicklichkeit der Werkzeuge an, womit uns die Natur begabt hat.

Wer ein gutes Ohr hat und etwas Music verstehet, wird stets besser declamiren, als andere. Deßwegen sorgten die Griechen auch bey der Erziehung der Kinder vor den Unterricht in der Music.

Die besten Leser, die wir gehabt haben, sind Despreaux, Racine, La Mothe, und der Abt Grecourt. Die Gedichte des letztern verlohren ihren ganzen Werth, wenn sie ein anderer las: er las daher in allen Gesellschaften dieselben selber vor.

Ende des zweyten Theils.

Inhalt

Inhalt

des zweyten Theils.

Fortsetzung der Streitigkeiten eines Schriftstellers mit dem andern.

Fontenelle und der P. Baltus	3
Addison und Pope	17
Joh. Bapt. Rousseau und Joseph Saurin	27
Ebenderselbe und der Herr von Voltaire	45
Herr von Voltaire und der Abt Desfontaines	55
Ebenderselbe und der Herr von Maupertuis	69

II. Streitigkeiten
über wichtige Materien.

Ueber die französische und lateinische Sprache, welche von beyden zu öffentlichen Denkmälern zu gebrauchen sey	93
Ueber die Orthographie und die Aussprache	104
Ueber die Uebersetzungen	116

Ueber

Inhalt.

Ueber die Beredsamkeit	157
gerichtliche Beredsamkeit	172
geistliche Beredsamkeit	181
Ueber die Poesie an sich selbst	203
Ueber die Versification und den Reim	222
Ueber das Heldengedicht	239
Ueber die Iliade	242
Ueber die Aeneis	263
Ueber die Romane	276
Ueber die Liebe in den Trauerspielen	292
Ueber die weinende Comödie	302
Ueber die Parodien	311
Ueber den Nutzen der Schauspiele	319
Ueber die Declamation	336
auf dem Theater	336
auf der Kanzel	342
vor Gericht	346
Ueber die Art zu lesen.	347